HUELLAS DE LA MUJER DE DIOS

Una guía para que la mujer viva y produzca fruto digno de Dios en un mundo impío.

"Sustenta mis pasos en Tus caminos para que mis pies no resbalen"

Salmo 17:5 Por: **JOYCE THOMPSON**

HUELLAS DE LA MUJER DE DIOS

(Tomado del Curso dictado por Joyce Thompson con el título "SOLO PARA MUJERES")

Escrito para:
Ashley, Christin, y Stephanie; Elizabeth, Ruth, y Anna y además las nietas por nacer.
Traducción por: Gloria Villaveces de Fulghum

Dedicado a:

Mi primera hija la Nena Janae (del 27 de enero al 11 de julio de 1965); Andrea Janiece, el maravilloso regalo que pedimos y recibimos de Dios después que Janae muriera; Sonia Madder, nuestra amada hija que adoptamos en el Brasil, a sus tres bellas hijas Elizabeth, Ruth y Anna; Billie Jo, madre de Ashley, Christin y Stephanie y (Caleb Victor) y la esposa de Victor, nuestro hijo mayor, ella es en verdad una nuera muy especial, y a mi más reciente joya, la preciosa Jessica esposa de Jason nuestro tercer hijo. Con mucha emoción espero dos maravillosas nueras, las esposas para mis hijos Steven y Joseph. Y a todas las bellas jóvenes que han bendecido mi vida a través de los años y me han enriquecido más allá de las posesiones terrenales.

HUELLAS DE LA MUJER DE DIOS

PROLOGO

Queridas Damas,

Me dicen que yo debo escribir un libro dedicado a ustedes. Me dicen que debo pasar a ustedes como un legado lo que he aprendido durante cincuenta años acerca de las mujeres virtuosas. También, el Nuevo Testamento nos enseña que las ancianas deben enseñar a las mujeres jóvenes (Tito 2:3-4). Yo nunca planee escribir este libro ya que pienso que el mundo no necesita otro libro acerca de las mujeres, pero mi esposo Carroll finalmente dijo: "Escribe un libro para que lo dejes como legado a tus hijos y nietos y que ellos sepan quién eras y lo que Dios hizo en tu vida." Después de muchos años yo he tratado de poner en papel y lápiz las cosas que he vivido y cómo he aprendido a creer. Quizás este libro te sirva para que salgas adelante en tu vida y te ahorres algunos pasos dolorosos que se te puedan presentar durante tu camino.

Cada mujer tiene que encontrar el plan de Dios para su vida. Ella está sola delante de Dios, sin padre, madre, o esposo que puedan estar en la brecha entre ella y Dios. Su relación con Dios se determina en la forma en la que ella pueda aprender los principios para su vida. Dios tiene un plan para tu vida. Hay también una razón por la cual estás en la tierra y también hay un ministerio para ti. Este ministerio es dado por Dios, y cuando lo encuentres, vas a encontrar la razón para vivir.

Es mi oración que tú seas lo que he escrito en este libro, porque creo que éste es el corazón de Dios para ti como mujer. Es mi deseo que al través de estas páginas, tú te des cuenta del propósito que Dios tiene para tu vida y que puedas descansar en paz sabiendo que Dios es la fortaleza que te sostenga en las diferentes circunstancias de tu vida. Es mi deseo que la corta vida que Dios te permita aquí en la tierra, la vivas con sabiduría y fortaleza y sin permitir que el mundo te haga tambalear con lo que dice que tú debes ser como mujer.

He llamado a este libro **"LAS HUELLAS DE LA MUJER DE DIOS"**, porque creo que vas a dejar huellas en las arenas del tiempo. Cuando tu vida haya terminado ¿qué dirán tus huellas a aquellos que vayan detrás de ti? ¿Cuáles eran los deseos de tu corazón? ¿fue tu vida llena de deseos dignos o solamente cumpliste ambiciones egoístas?

Durante mis estudios universitarios cuando mis compañeros me pedían que firmara su anuario, siempre utilizaba unas palabras que no sé de dónde recogí, y eran así:

Aquellos que edificaron bajo las estrellas, edificaron muy bajo.

4

HUELLAS DE LA MUJER DE DIOS

Me dí cuenta después de algún tiempo que la gente no entendía lo que yo estaba hablando. Pero aún así, si yo tuviera un lema para mi vida sería ese. Como mujer de Dios, tú fracasarás enteramente a menos que edifiques tu vida según las Normas del Cielo, y con el objetivo de un destino eterno.

Recuerda siempre que lo que SOMOS es más importante que lo que HACEMOS. El ornato de un espíritu afable y apacible "que es de grande estima delante de Dios" (1 Pedro 3:4b). (El nunca dice que El nos mida por la cantidad de cosas que hagamos, pero sí, El está interesado en quiénes somos.

Así que, estoy escribiendo para ti, bello y fragante bouquet de jóvenes mujeres que Dios ha puesto en mi vida, un libro de instrucciones para vivir y un recuerdo para que guardes siempre. Viene de una mujer que mucho las amó. Es mi deseo que ustedes sean mujeres virtuosas, rectas, con un denuedo espiritual de un león (como Jesús, quien fue llamado "El León de Judá"), y obedientes al Señor hasta la muerte como un cordero ante sus esquiladores (como Jesús, "El Cordero de Dios".)

Es mi deseo que el legado para tus hijos, sea el de una mujer noble y honorable, una hija del Rey, traída al palacio del Rey "con alegría y gozo" (Salmo 45:15).

HUELLAS DE LA MUJER DE DIOS

Porque "no tengo yo mayor gozo que
éste, el oír que mis hijos andan en la
verdad" (III Juan 4).
Joyce Thompson, 1994

HUELLAS DE LA MUJER DE DIOS

AGRADECIMIENTOS

Deseo agradecer a mi esposo quien me empujó (casi que tuvo que usar una pala) para que me esforzara para escribir este libro. Si él no hubiera insistido, yo no hubiera escrito este libro. Carroll, mi maravilloso compañero, ha sido una ocasión de regocijo escribir este libro y te doy las gracias no sólo por esta experiencia, sino por las muchas más de las que tú has sido responsable.

Mi sinceros agradecimientos a April Bietila quien con tanto ahínco tomó el proyecto de escribir a máquina y corregir el manuscrito. Consideramos de gran estima tu espíritu lindo y cooperador, lo que ha hecho que nuestras vidas sean más fáciles por un número de años.

Mi gratitud también a Judith Foster, editora sin igual. Aunque soy una ama de casa, me diste suficiente confianza como para que no sonara como tal. ¡Mil gracias!

Mil gracias a Jim Jones por la bella acuarela que da gracia a la carátula de este libro. Dios te bendiga, Jim.

HUELLAS DE LA MUJER DE DIOS

INDICE

HUELLAS DE LA MUJER DE DIOS

HUELLAS DE LA MUJER DE DIOS

HUELLAS DE LA MUJER DE DIOS

CAPITULO UNO

GRANDE ES TU FIDELIDAD

Hay un himno que me encanta, ya que expresa en una forma tan maravillosa las diferentes experiencias que yo he tenido en las Manos de Dios durante mi vida.

"Oh, Dios Eterno, tu misericordia
Ni una sombra de duda tendrá;
Tu compasión y bondad nunca fallan
Y por los siglos el mismo serás.

¡Oh, tu fidelidad!
¡Oh, tu fidelidad!
Cada momento la veo en mí.
Nada me falta, pues Tú lo provees
¡Grande, Señor, es tu fidelidad!

T.O. Chisholm (c.1923)
(Trad. H. Reza (Himnos de Alabanza a Dios)

Lamentaciones 3:22-23 "Por la misericordia de Jehová, no hemos sido consumidos, porque nunca decayeron sus misericordias. Nuevas son cada mañana; grande es tu fidelidad."

Porque yo he escogido a Jesús, el Padre (Dios mismo) me ama.

Jesús dijo en S. Juan 16:27 "pues el Padre mismo os ama, porque vosotros me

habéis amado, y habéis creído que yo
salí de Dios."

Dios es un Dios de comunión y de
relaciones íntimas. El es un Dios que
guarda Sus promesas.

Así que, para ser fuertes en el Señor
tenemos que conocer quién es El.
Hebreos 11:6 dice: ".....es necesario
que el que se acerca a Dios crea que le
hay, y que es galardonador de los que
le buscan."

A través de los años yo he aprendido
que Dios tanto ama como responde a la
intensidad. Si nosotros pensamos que
podemos obtener algo de parte de Dios
con nuestra actitud a medias, nos vamos
a encontrar con que El no nos va a
prestar atención. En Apocalipsis 3:16
Dios nos dice: "Porque eres tibio, y no
frío ni caliente, te vomitaré de mi
boca." Dios quiere que nosotros lo
busquemos con intensidad.

Por más de cincuenta años Dios ha
mostrado Su fidelidad cada vez que yo
lo he escogido a El y a Su voluntad.
Aunque a veces le fallo, El se mantiene
fiel en Su compromiso conmigo.
"...Porque nunca decayeron Sus
misericordias. Nuevas son cada mañana;
grande es tu fidelidad." (Lamentaciones
3:22-23).

Así como es el amor, la fidelidad es
parte de la naturaleza de Dios. El es

quien es y quien hace. Es tanto una cualidad como un atributo. Apocalipsis 19:11 dice: "...se llamaba Fiel y Verdadero..." Con la misma abundancia que El ha extendido Su amor hacia nosotros, también ha extendido esta parte de Su naturaleza.

Este es mi tema favorito y por esa razón quiero compartirles algunas de las cosas bellas que El ha hecho en mi vida y la razón por la cual yo digo que él es totalmente fiel. No existe ninguna sombra de cambio en El porque El siempre es el mismo. En todos los problemas y diferentes circunstancias de la vida, El es todo compasión. Aunque yo le he fallado, El nunca me ha fallado. ¡Su fidelidad para mí ha sido grande!

DIOS ES FIEL PARA PERDONAR

Primera de Juan 1:9 dice: "Si confesamos nuestros pecados, él es fiel y justo para perdonar nuestros pecados, y limpiarnos de toda maldad."

Yo recuerdo cuando era niña la forma como yo le pedía a El que me perdonara. Algunas de las memorias de mi edad temprana son de mi abuelita la que sabía cómo orar por sus hijos y sus nietos. Ella era una Bautista gritona, recuerdo cómo ella, durante aquellas campañas en las que en vez de carpas se utilizaban ranchones de ramas para protección del sol, ella iba orando a gritos clamando por la conversión de los impíos y gritaba con clamor hasta que la gente se estremecía. Ella causó impacto en mucha gente especialmente en sus hijos y sus nietos.

PERO FIEL ES EL SEÑOR QUE OS AFIRMARA Y GUARDARA DEL MAL (Ver II Tesalonicenses 3:3).

Deuteronomio 7:9 dice: "Conoce, pues, que Jehová tu Dios es Dios, Dios fiel, que guarda el pacto y la misericordia a los que le aman y guarda sus mandamientos, hasta mil generaciones."

Cuando yo tenía trece años, una preciosa maestra de Escuela Dominical, me regalo una copia del libro "En Sus Pasos" por Charles Sheldon. Mientras yo estaba leyendo éste libro, Dios me llamó al Campo Misionero, aunque yo no tenía idea de lo que este era hasta quince años después fue que me encontré en el Brasil como misionera, pero el conocimiento de mi llamado me llevó a lo largo de varios romances que no eran del gusto de Dios, luego a la universidad y más tarde al seminario.

Entonces yo sabía que necesitaba un esposo, el que había deseado por largo tiempo. Hasta hice el esfuerzo para que algunos jóvenes fueran el esposo apropiado para mí. Puede que yo no supiera lo que quería en un esposo, pero sí me dí cuenta de las cosas que no quería. Así que, me propuse a pedirle al Señor un esposo que lo amara más que a cualquier otra cosa y que lo pusiera primero que todo en su vida sin importarle el costo.

DIOS ES FIEL PARA DARTE LOS DESEOS DE TU CORAZON
(Lee Salmo 37:4)

Si nosotros nos deleitamos en el Señor, El nos da las peticiones de nuestro corazón. Dios me dio exactamente lo que yo le pedí en mi esposo. En Carroll, mi esposo yo veo un hombre totalmente entregado a Dios. No veo ninguna contradicción en él. El paga el precio requerido para su caminar con Dios.

Yo me he encontrado con que no siempre yo sé los deseos de mi corazón. En cambio, Dios sí sabe, y El sabe lo que es mejor para mí, y si yo le permito El siempre pone en línea las cosas que yo deseo con las que son buenas para mí. Yo no puedo engañar a Dios ni tampoco puedo hacer que El sea impresionado por mis piadosas insensateces o por las ambiciones de mi alma.

EL CON FIDELIDAD DIRIGE TU VIDA

El año que yo terminaba la universidad, vino un misionero quien quería hablar con todos los candidatos a misioneros. Cuando fue mi turno yo fui a hablar con él. Estaba comprometida a casarme con

un joven (también candidato a
misionero) aunque no me sentía
completamente confortable respecto a mi
compromiso. Después de hablar cinco
minutos conmigo el misionero apuntó con
un dedo mi cara y me dijo: "Señorita,
usted no tiene arte ni parte en casarse
con ese joven." El estaba en lo
correcto y yo lo sabía, aunque no había
tenido valor para hacerle cara al
asunto.

Yo lloraba dentro de mí a mi regreso al
dormitorio. "Dios, ¿qué puedo hacer
ahora? Ya me voy a graduar y no sé qué
voy a hacer, ¿qué se supone que yo
haga?" Recuerdo la palabra exacta que
el Señor colocó en mi corazón: "Ve al
seminario en Fort Worth." Ese
pensamiento nunca había entrado en mi
corazón, ni tampoco era lo que quería
escuchar. después de todo mi asignatura
menor había sido Biblia y además yo
estaba cansada de estudiar y me quería
casar.

Con todo y eso, yo fui obediente y
cuando llegó el mes de setiembre me
encontré con mi compromiso roto y
estudiando en el seminario. El primero
de octubre, o sea un mes más tarde, yo
me encontraba en la biblioteca cuando
mi futuro esposo se me acercó. Hablamos
por una hora y cuando él se fue recibí
el testimonio del Espíritu Santo en mi
propio espíritu lo que me causó pensar
en lo siguiente: "¡Allá va el varón con
el que me voy a casar!" Nosotros nos

casamos el 14 de mayo de 1960 y diez y seis meses más tarde estábamos en el Brasil como misioneros. En cada uno de los años subsiguientes, él ha sido lo que yo pedí y constantemente crece en poder y la demostración del Espíritu de Dios. Estoy contenta tanto por ser su esposa como por el hecho que Dios nos unió.

Dios es muy fiel para dirigir nuestras vidas, si nosotros le invitamos y le permitimos que lo haga.

DIOS ES FIEL PARA RESPONDER AL CLAMOR DE NUESTRAS ALMAS A EL

Cuando éramos misioneros en el Brasil, yo descubrí que tenía problemas con la realidad de Dios. Yo en realidad, no sabía completamente la realidad de Dios. Me acostaba orando y me levantaba tratando de orar. Yo creía pero necesitaba más de la realidad de Dios. Me acuerdo muchas veces pidiendo a Dios que me mostrara señales de que El existía.

Recuerdo una situación en forma muy vívida. Belo Horizonte, era la ciudad que nos quedaba más cerca y que era suficientemente grande para hacer la mayoría de nuestras compras, y quedaba a cuatro horas de viaje en carro.

Una vez al mes íbamos a esa ciudad por dos o tres días para comprar las cosas que nos hacían la vida un poco más placentera y yo me encargaba de preparar la lista de lo que necesitábamos. En este viaje en particular íbamos a pernoctar con unos pastores nativos y nos daban hospedaje en uno de los cuartos de la Escuela Dominical que tenían en la iglesia. Creí que había puesto mi lista en mi bolso y cuando la busqué no la pude hallar. No era posible que yo recordara todas las cosas que yo tenía en la lista y mi esposo Carroll ya me estaba esperando para irnos.

Parada en el patio, yo clamé a Dios y le dije: "¡**DIOS, yo necesito esa lista!** Si Tú eres real, por favor, ayúdame a encontrarla." Medio me voltee, y allá encima de un montoncito de tierra que alguien había barrido, estaba paradita la lista. Nunca me pude imaginar como se había salido la lista de mi bolso, ni tampoco por qué no había sido cubierta por la tierra ya que el montón era como de 25 centímetros de alto. Sí sé, que este incidente confirmó mi fe y el hecho que Dios siempre estaba conmigo y estaba interesado en todo lo que a mí concernía. Ahora podía confiar en El.

En tantas ocasiones durante el correr de los años Dios ha estado presente y me ha estado llamando a que camine cada día más cerca de El.

HUELLAS DE LA MUJER DE DIOS

Cuando Steven mi segundo hijito nació, fue catalogado como un bebé de alto riesgo. después de su nacimiento las enfermeras comenzaron a ponerme glucosa intravenosa y lo hicieron con demasiada rapidez, lo que causó que tuviera unos escalofríos horribles que tomaron un buen rato para ser controlados. No sabía lo que me estaba pasando pero sí pensé, a lo mejor me voy a morir. Comencé a orar diciendo: "Señor, no me dejes morir hasta que yo encuentre lo que estoy buscando en Ti."

DIOS ES FIEL EN EL PELIGRO

Ya estábamos regresando a casa después de un largo viaje desde otro estado del Brasil. Había sido un viaje pesado y las fuertes lluvias habían barrido parte de la carretera causando grandes hoyos. De repente vi, en la cima de un monte alto y largo, un camión cargado con doble su tamaño en carbón. Vimos cuando este comenzó a tambalearse de un lado a otro del camino, tomando más velocidad y acercándose a nosotros. Carroll parqueó el carro a un lado del camino esperando que el camión no nos chocara. Yo miraba fijamente al camión y pensaba "este va a cambiar de dirección y no nos va a chocar." Sonia nuestra hijita adoptiva nos dijo que ella pensó "Voy a morir y qué mejor hacerlo pero junto a papá y mamá." Ella estaba sentada detrás de Carroll y se colocó entre los dos agachándose lo que

HUELLAS DE LA MUJER DE DIOS

más pudo hacia la parte delantera del carro. La forma como ella se movió fue lo que la salvó ya que el impacto fue recibido en el lado en el que ella estaba. El choque causó que el asiento de Carroll se moviera hacia atrás y con este echara fuera todo lo que estaba en ese lado del vehículo. Todos los vidrios se rompieron y nuestras preciosas compras como mantequilla de maní y otras cosas estaban desparramadas a lo largo de la carretera.

Después de que pasaron el choque y el ruido, comencé a sentir pánico, ya que tenía en mis piernas una sillita con mi nenita de un mes la que lloraba a gritos y mantenía sus ojitos firmemente cerrados. Como el parabrisas estaba totalmente molido pensé que le habían caído pedacitos de vidrio en los ojitos de la nenita. La frente de Carroll estaba sangrando porque él se había pegado con el espejo retrovisor pero él comenzó a gritar: "¡No! ¡Todo está bien! ¡Nosotros estamos bien!"

El sonaba contento cuando me indicaba el espacio que había dejado la ventana rota de mi lado y que estábamos en la misma orilla de la montaña con un precipicio a mi derecha. El había visto el risco y creía que nos íbamos a matar o a quedar mal heridos. Pero en vez de esto, seis personas estaban sentadas en la orilla del peñasco con el carro totalmente destruido pero nosotros solamente con pequeñas heridas y rasguños y la cortada en la frente de Carroll. (Tampoco estábamos usando cinturones de seguridad.)

Más tarde nos dimos cuenta que el camión se volcó cuando nos chocó. En forma inexplicable cuando el camión se volcó, al darnos enterró un poco nuestro vehículo en la tierra de modo que quedó inmóvil. Nuestro carro nunca se movió de esa posición. Tanto tierra como malezas se forzaron dentro de las copas de las llantas y pedacitos de vidrio se forzaron dentro de nuestras maletas.

Un tiempo después un hombre reconstruyó nuestro carro pieza por pieza y la gente ofrecía comprárnoslos porque decían "es un carro milagro". Querían comprarlo como un amuleto de buena suerte, ya que encontraban increíble que nosotros hubiéramos escapado de tan horrible accidente.

DIOS NOS CONFORTA CUANDO VIENE LA MUERTE

La bebita que yo había tenido en las manos aquel día del accidente, murió cuatro meses después. Ella había nacido el 27 de enero de 1965. En Corinto, Brasil el pueblo donde vivíamos, no había hospital. Era un domingo por la tarde y nuestro médico que era amigable con los norte americanos había viajado

22

HUELLAS DE LA MUJER DE DIOS

a su "fazenda" (finca). Otro médico (antagonista a los norte americanos) vino a ver a la niña, dejó una receta después de decir que la niña tenía complicaciones y luego partió en su carro. Yo tuve que enviar a Sonia, nuestra hija brasileña a que fuera a pie a una farmacia para comprar la medicina. Carroll estaba a una hora de camino predicando en una iglesia de la misión. Cuando él se fue sabía que Janae estaba enfermita pues ella ya tenía un día y una noche desde que se había enfermado, pero él pensó que si él cuidaba de los negocios de Dios, Dios cuidaría de su familia. Yo sabía que la niña estaba muy enferma pero al mismo tiempo nunca dude que ella viviera y por consiguiente fue un golpe tremendo cuando esa noche llegó nuestro médico amigo apenas a tiempo para asistir a la nenita a tiempo de expirar.

Mi primera reacción fue la de negar la realidad y refugiarme en el olvido. Los hermanos brasileños que estaban en la habitación conmigo fueron a agarrarme ya que me desmayaba. Inmediatamente Dios comenzó a hablar a mi corazón y a mi mente me dijo: "Si tú rechazas la muerte de Janae, solo vas a acarrear problemas para ti. ¿En dónde está tu fe en un momento como este?.
Entonce dije: "Bueno Señor, ella es tuya. La entrego en Tus Manos." En el momento en que yo dije estas palabras en mi corazón, me enderecé antes de

llegar al piso y salí de la habitación. El doctor me siguió y comenzó a decirme: "Señora Thompson, nosotros no sabemos la razón de estas cosas." Lo paré y le dije: "Doctor, está bien. Yo estoy bien. Usted no se preocupe por mí." Desde el momento que dije "Bueno Señor, ella es tuya," la gracia de Dios me cubrió. Dios estaba muy cerca de mí y El me sostuvo hasta la tumba y después de la tumba. Las primeras lágrimas que derramé por Janae fueron veintisiete años más tarde en el Día de Conmemoración de los Difuntos en 1992. Y estas lágrimas fueron en memoria de las maravillosas cosas que Dios había hecho por mí. Perdí una hija pero El me dio una muy especial nacida nueve meses y veintidós días después de la muerte de Janae.

Esta fue la respuesta a la oración de Carroll y mía cuando le pedimos que nos diera otra hija.

Sonia también se ha convertido en una parte permanente de nuestras vidas. Ella es una persona maravillosa y me siento honrada de contarla como mi hija. Dios le ha dado un esposo muy bueno y tres bellas hijitas y dos hijos. Ellos viven en una casa grande en el sur de Inglaterra. Dios ha mostrado Su fidelidad para con esa niña huerfanita nacida en el interior del Brasil quien también ama al Señor.

HUELLAS DE LA MUJER DE DIOS

Después Dios me dio una maravillosa nuera llamada Billie Jo quien me ha dado tres nietas y un nieto. En el año pasado Dios nos dio otra nuera, una preciosa joven cuyo nombre es Jessica. Todavía tenemos una hija y dos hijos solteros.

¡Qué Dios tan sobrenatural tenemos nosotros! Y sabemos que podemos contar con El. El nos conoce por nombre y El se preocupa por todos nuestros problemas y dolores. Hebreos 11:6 dice: El "...es galardonador de los que le buscan." Jeremías 29:13 dice: "y me buscaréis y me hallaréis, porque me buscaréis de todo vuestro corazón."

Si nosotros somos rebeldes contra El, El no nos va a mostrar su gracia para con nosotros. Cuando el dolor y el desengaño nos visiten, no tenemos que preocuparnos si mantenemos nuestros corazones abiertos a El. El poder de Dios va a estar con nosotros cuando lo necesitemos.

Lo que me sucedió fue mucho más allá de lo natural y esto causó que yo comenzara a buscar lo que sentía me faltaba en mi caminar con el Señor.

Seis años más tarde yo encontré un más profundo caminar con el Señor y una puerta para Su poder y gracia sobrenaturales.

HUELLAS DE LA MUJER DE DIOS

DIOS ES FIEL PARA LIBERARNOS DEL TEMOR

Por muchos años yo sufrí de pánico de
tener accidentes automovilísticos o aún
de altas velocidades. No era el caso
que el temor no tuviera ninguna base ya
que yo había sufrido varios accidentes.
Una vez cuando yo era adolescente
nuestro carro iba lleno de gente.
Éramos ocho personas que regresábamos a
la casa después de un servicio en la
iglesia. Otro carro nos pegó de lado lo
que causó que nuestro vehículo se
volteara en la mitad de un cruce de
calles de la ciudad de Oklahoma City.

Cuando estábamos en el campo misionero
a veces me inquietaba si viajábamos en
carro y notaba que el piloto estaba
manejando muy rápido, en forma
irresponsable o a exagerada velocidad.
Una vez, cuando estábamos en Lisboa,
Portugal e íbamos viajando con un
pastor por unas calles muy angostas y
con toda clase de intersecciones, no
pude contenerme y grité lo que causó
que el pastor disminuyera la velocidad
inmediatamente.

Cuando comencé a caminar en una forma
más profunda con el Señor, El en forma
soberana, me comenzó a sacar de mi
temor. Durante un período de varios
años El me dio sueños con accidentes
terribles. (¿Te parece que con esta
introducción mostrara como que los
sueños eran del diablo? Bueno, te

cuento que no eran del diablo.) Esos sueños me envolvían a mí y al principio yo reaccionaba en lo natural. A medida que pasaba el tiempo comencé a notar que yo reaccionaba en el sueño más y más en el Espíritu de Dios, pero los accidentes eran cada vez más violentos.

Por último soñé con un choque terrible en el que yo sabía que me había muerto, pero Dios estaba **ALLA** y tan en control de mi reacción que yo salí ilesa. Pasaron los años y medí cuenta que nunca más había tenido sueños con accidentes. Ese último sueño lo tuve quizás hace como quince o veinte años. Si yo viajo en un carro con usted y está manejando en forma irresponsable, puede que me ponga un poquito nerviosa o con ansiedad, pero aquel viejo temor se fue completamente de mi vida. Dios tiene tanta creatividad, nunca lo limitemos en las formas en que El lidie con nosotros.

DIOS ES FIEL PARA SANARNOS

Poco tiempo después de que nosotros regresáramos al Brasil cuando tuvimos nuestra primera licencia de descanso, Carroll decidió que él necesitaba hacer oración y ayuno por la obra. El nunca había hecho esto pero tomó una bicicleta y se fue al campo y se sentó debajo de un árbol a orar. Yo me encontraba en casa terminando de coser unas ropas para la señora que nos lavaba la ropa. Carroll oró hasta el medio día, luego se sintió somnoliento y pensó que debía tomar una siesta. El se despertó con la sensación de que algo estaba pasando allá en la casa. Como a la una de la tarde yo había terminado mi costura y salí por la puerta trasera para indicarle a la lavandera que no se olvidara de llevar lo que yo le había hecho, antes de regresar a su casa. En aquellos tiempos yo iba corriendo (las mujeres brasileñas me decían que ellas se sentían cansadas de verme hacer todo a las volandas.)

Como salté con mucha fuerza en el primer escalón. esto causó que mi zapato se torciera y saltara dos escalones más hasta abajo. Me caí con mi pie tronchado hacia adentro. En los primeros momentos no me dolió, pero cuando me lo miré, me dí cuenta que la cosa era muy seria.

Las diez y ocho horas que transcurrieron desde el momento que me caí hasta que llegamos al hospital, fueron muy duras para mi esposo Carroll. Los varones de la iglesia tuvieron dificultad en encontrarlo y luego dijeron que si llegábamos de noche no nos atenderían sino hasta la mañana siguiente y además estábamos a cuatro horas en carro. Durante todo el camino para llegar al hospital, el diablo estaba sentado en el hombro de Carroll diciéndole que no valía la pena orar porque Dios no cuidaba de su familia. fue una noche muy oscura para Carroll.

Para no hacer la historia larga, los médicos pudieron colocar mis huesos en su sitio. Los tres huesos más grandes se habían rajado por mitad. El de en medio tenía la quebradura hacia la rodilla y además estaba dislocado. Tanto nervios como músculos estaban cercenados. Los doctores estaban orgullosos de lo que habían hecho y sacaron muchos retratos para enviarlos a médicos a Europa para mostrarles lo que habían hecho. Lo que tuve que hacer de mi parte fue estarme sin mover ese pie por tres meses. Veinticinco años más tarde, todavía sigo caminando en ese tobillo. Lo que los médicos no sabían era que había una iglesia llena de gente orando por mí.

La moraleja que Carroll dice respecto a esta historia es: Si tú tienes plan de hacer oración y ayuno **no te duermas** en tu trabajo.

DIOS ES FIEL PARA PROVEER NUESTRAS NECESIDADES

Después de que habíamos estado ocho años en Brasil, Dios en verdad, comenzó a moverse en nuestras vidas. Yo estaba en mi sexto mes de embarazo con nuestro hijo Jason, cuando Carroll cayó a cama por nueve semanas a causa de una hepatitis. ¡Cómo se **está** divirtiendo el hermano Thompson con su vacación forzada! Este era el chiste en la misión. En su cama de enfermo, él ESTABA teniendo un tiempo maravilloso con el Señor. El se sentaba en la cama por horas, con los brazos levantados orando. En verdad esta era una hazaña sorprendente porque yo estoy convencida que estuvo muy cerca de la muerte. El estaba pidiendo a Dios el bautismo con el Espíritu Santo y el Señor comenzaba a contestar sus plegarias.

El médico sugirió que viajáramos a Campiñas, Brasil para consultar con médicos norte americanos, ya que él había estado enfermo por nueve semanas. Empacamos lo que más pudimos en una de las habitaciones de nuestra casa y viajamos a Campiñas en un avión de misioneros. Allá los médicos nos aconsejaron que nos regresáramos a Estados Unidos ya que tomaría bastante tiempo para que Carroll se recuperara y pudiera regresar a su trabajo.

Aún el viaje de regreso a Estados Unidos fue muestra de la abundante provisión del Señor. Estábamos sentados tranquilos en el avión en Lima, Perú, cuando las azafatas agitadamente comenzaron a sacar a algunos de los pasajeros fuera del avión. Habían fallado en informarnos que teníamos que cambiar de aviones. Cuando salimos del avión, nos dimos cuenta que nuestro avión ya iba adelante en la pista, de manera que tuvieron que llevarnos a la ciudad y ponernos en un hotel muy bueno. La compañía de aviación hizo la provisión de buenas camas, comidas cortesía de ellos y una noche de descanso. Así que nosotros pudimos tomar el avión para ir de regreso a nuestra patria en mejores condiciones. Los pensamientos que me asaltaron fueron estos: Esta demora en Lima va a terminar con Caroll. ¿Qué iba a hacer yo durante todo un día en un aeropuerto con tres niños y yo con seis meses de embarazo? ¡Dios es bueno! Con todo y eso el cuidó de nosotros.

De regreso en los Estados Unidos comenzamos a darnos cuenta que probablemente no podríamos regresar a Brasil por lo menos en un año. Así qué, cuando el Concilio de la iglesia le ofreció un púlpito a Carroll, él lo aceptó. Nos mudamos a la casa designada para los pastores solamente con nuestras maletas. Era un tiempo difícil ya que Carroll casi no tenía fuerzas para pasar el día. Conseguimos algunos muebles y comenzamos a organizarnos pero de alguna manera sentíamos que todo no estaba bien. Carroll y yo habíamos llegado a creer en lo sobrenatural y aún que el Libro de los Hechos está en operación hoy en día. Tuvimos que dejar nuestra congregación en ocho o nueve meses, ya que ellos no querían nada que ver con ese modo de pensar. Nosotros presentamos nuestra

renuncia como misioneros también, ya
que sabíamos que la Junta de la Misión
nos haría partir tan pronto como
supieran en la forma como creíamos.

Ahora nos encontrábamos con cuatro
niños, (una niña y tres varones),
algunos muebles y enseres domésticos
pero sin trabajo ni un lugar a donde
ir. Nuestras amistades tenían temor de
ser amigos nuestros ya que se podía
pensar que ellos fueran culpables de
nuestro mismo modo de pensar, por el
solo hecho de asociarse con nosotros.
Además ellos en realidad tampoco
entendían. Estoy segura que fuimos
motivo de vergüenza para la familia de
Carroll ya que su papá era ministro y
sus hermanas se habían casado con
pastores del mismo grupo bautista.
Parecía que habíamos perdido todo y por
consiguiente fueron tiempos muy duros
para todos.

El padre de Carroll se portó
maravillosamente pues aunque no
comprendía lo que nos había pasado, nos
trató de ayudar en todo lo que pudo.
Siempre estaremos agradecidos con él
por la forma en que él nos respaldó
durante aquel tiempo. El nos permitió
ir a una casita que tenía a orillas de
una represa en la que estuvimos por
seis semanas mientras Dios obraba en
nosotros. Nuestros niños pasaron un
tiempo muy divertido sin darse cuenta

en ningún momento del dilema en que estábamos.

Carroll había encontrado la solución. ¡íbamos a vivir por fe! Compraríamos una casa móvil, una vaca y plantaríamos un jardín. Pero al final la palabra que el Señor dio fue: "Vayan a Dallas, Texas." Esas no fueron buenas noticias para Carroll ya que nunca le han gustado las grandes ciudades.

Después de permanecer por tres meses en Fort Worth con mis padres, Dios comenzó a obrar a nuestro favor. No había esperanza en nada de lo que habíamos tratado de hacer. Finalmente un día le dije a Carroll de una casa que permanecía firme en mi mente. Era una casa de ladrillo con adornos color crema oscuro. fuimos en el carro para verla y tomamos el teléfono que estaba en el anuncio y cuando llamamos averiguamos que era exactamente la casa que necesitábamos.

Tenía cuatro dormitorios, dos baños. un patio completamente cercado y estaba situada en una buena vecindad. Nos mudamos con solamente un primer pago de tres cientos dólares y sin tener un trabajo, y sin ninguna referencia de crédito. Esto fue un verdadero milagro el que el Señor hizo en esta transacción de finca raíz.

Carroll trabajó en una iglesia por un tiempo y luego estuvo sin trabajo por

ocho meses. Aunque él había tenido su
sanidad, encontraba difícil a veces
tener fuerzas para seguir andando.
Durante este tiempo el Señor nos
proveyó en formas maravillosas.
Vendimos nuestra casa que teníamos en
Brasil pero no sabíamos la forma en la
que podríamos sacar el dinero de allá
para poder pagar nuestra casa aquí.

Un día un predicador del Brasil se
presentó en la iglesia en la que éramos
miembros, y Carroll lo invitó a que
viniera a cenar con nosotros. El
congelador de unos amigos se les había
acabado de dañar y ellos habían dejado
a la entrada de nuestra casa en la
noche anterior, unos paquetes de carne.
Uno de los paquetes tenía un pavo de
modo que pude servir a nuestro huésped
con verdadero estilo. La esposa del
predicador se encontraba en Río de
Janeiro, Brasil, y necesitaba dinero.
Después de hacer unos cálculos
complicados el varón nos dio dólares y
nosotros ordenamos que dinero que
teníamos en Brasil fuera transferido al
banco de ellos en Río. Todavía toca mi
corazón el pensar en la fe de éste
varón en la integridad nuestra.

En otra ocasión se vencía el plazo de
un pago grande por la casa y no
teníamos sino la mitad del dinero.
Cuando estábamos en la iglesia un
miércoles por la noche, el pastor llamó
a Carroll y le preguntó si teníamos

algún problema. Carroll finalmente admitió que teníamos la perspectiva de perder nuestra casa a menos que tuviéramos el dinero para hacer el pago que debíamos. El pastor sacó del bolsillo de su camisa un cheque personal por una gran cantidad de dinero y él dijo que el Señor le había indicado hiciera esto la noche anterior.

Durante este tiempo nuestro hijo mayor se presentó un día con un perro negro, flaco y sarnoso. A duras penas yo podía tolerar al animal y este comía todo lo que sobrara de la mesa ya fuera, pepinillos, pan de maíz o torta de chocolate. Ocho meses más tarde tuvimos que salir de éste ya que nos mudábamos al Instituto Bíblico Cristo para las Naciones, y se había convertido en un perrote fuerte, grande y con una piel brillante y sana.

Al final de los ocho meses Carroll sintió que él debía regresar al Brasil para poner en orden nuestros asuntos y para explicar de alguna forma la razón por la cual no regresaríamos. Nosotros sabíamos que Dios estaba diciendo "Ve," pero no había dinero para el viaje. Sin embargo Carroll fue al centro para la renovación tanto de su pasaporte como de su visa. Prácticamente él puso nuestras últimas monedas en el parquímetro. En unos pocos días el dinero había llegado de diversas fuentes inesperadas, y la provisión llegó tanto para el viaje de Carroll como para la manutención de la familia mientras él estaba fuera del país. Una de las fuentes fue a través de una cuenta bancaria que no habíamos usado desde que habíamos ido al campo misionero. Había tres cientos dólares y ni el banco ni nosotros pudimos saber de donde habían salido. Nunca habíamos recibido el estado de cuenta respecto a esta cantidad, y si hubiéramos sabido la habríamos gastado. Carroll viajó sin preocupaciones.

Durante este tiempo la gente hizo provisión de ropas para nuestro niños. Una señora amiga insistió en comprar aún ropa interior de invierno para los niños. Fueron ocho meses en los que estábamos maravillados con la provisión del Señor. La parte triste fue que Carroll no sabía como descansar en el Señor para que El hiciera provisión de todas nuestras necesidades. Cuando estábamos en el Brasil la oficina Misionera proveyó para nosotros los tiquetes de avión, y los salarios. El vivir sin salario era algo nuevo para nosotros. Carroll debería estar descansando ya que debido a la hepatitis todavía no se sentía muy fuerte, pero era difícil no preocuparnos acerca de nuestras circunstancias.

La gente habla de la fe en una forma bien ligera, pero yo creo que la fe crece en nosotros. Cada experiencia que tengamos nos fortalece. A medida que nosotros experimentamos la fidelidad de Dios hacia nosotros, crecemos en la fe. A medida que superamos nuestras pruebas, aún en circunstancias difíciles, nosotros fuimos sobrecogidos por la fe dándonos cuenta que El estaba obrando para el bien nuestro. La fe que es formada de esta manera no se puede sacudir fácilmente.

Fe es nuestra disposición a probar la fidelidad de Dios. Oswald Chambers dice que uno no puede a menudo probar Su fidelidad en secreto y sintiéndonos seguros.

DIOS ES FIEL PARA GUARDAR LO QUE NOSOTROS DEPOSITAMOS EN SUS MANOS

La Segunda de Timoteo 1:12 dice "...Porque yo sé a quien he creído, y estoy seguro que es poderoso para guardar mi depósito para aquel día."

Después de haber estado ministrando por dos años en Australia, dejamos a nuestros dos hijos en ese país. Aunque ellos estaban saliendo de su adolescencia nosotros no queríamos dejarlos pero ellos querían quedarse allá. Esa decisión fue muy dura para mí pues ellos seguían siendo mis chiquitos. Dios me dio la fe para creer que ellos regresarían. Todos los días yo oraba y me regocijaba por su regreso. Uno regresó después de cuatro meses y el otro después de siete.

Dios cumplirá Su propósito en mí (Salmo 138:8), y guardará aquello que yo le haya entregado.

¿Necesitas algo de parte de Dios? ¿Qué milagro estás buscando?

El problema no está en que Dios no esté dispuesto a bendecirnos, es en nuestra falta de fe o de buscarlo con intensidad.

Mi esposo dice a menudo: "Dios quiere darte un testimonio de Su fidelidad." A un niño que se le da todo, generalmente no puede apreciar lo que él tiene. Es por esto que necesitamos experiencias que nos hagan crecer. Cuando nosotros alcancemos el cielo, vamos a regocijarnos y a querer decir las cosas grandes que Dios hizo por nosotros mientras estábamos en la tierra. Vamos a pasar la eternidad regocijándonos en Su fidelidad. Nosotros no vamos a decir la forma en que el diablo nos golpeó. Dejemos que Dios dé testimonio de Su fidelidad. No vayas a poner resistencia a la forma como Dios esté obrando en tu vida.

Déjame contarte una última historia antes de terminar éste capítulo.

HUELLAS DE LA MUJER DE DIOS

Era tiempo de vacaciones y nuestra familia de seis se estaba preparando para viajar de Dallas, Texas, donde Carroll era profesor del Instituto Cristo para las Naciones, a la casa de mis padres en Missisipi.

Los niños estaban muy emocionados y bulliciosos con el viaje.

Yo había puesto un sartén (sin manija) en el hornillo trasero de la estufa para calentarlo y preparar pan de maíz. Uno de los niños hizo algo que demandó mi atención por unos pocos minutos y cuando yo miré a la estufa, vi que la grasa se estaba quemando y ya había llamas como de diez y ocho o veinte centímetros de altura. Me dio pánico y dí tres vueltas en la mitad de la cocina y decía "¿Qué voy a hacer? ¿Qué voy a hacer?" Sabía que yo no podía echarle agua, ni tampoco podía removerlo de la estufa pues no tenía manija. En forma irracional, agarré una toalla de secar los platos y la eché encima de las llamas pensando que las iba a ahogar. Claro que ésta se prendió también, y ahora sí que tenía un fuego andando. Ya me imaginaba que todo el edificio de apartamentos iba a quemarse y quedar en cenizas.

Para éste momento ya los niños estaban mirando con sus ojos bien abiertos lo que estaba pasando, pero la misericordia de Dios nos sobrecogió. Yo patee el piso y comencé a ordenar que el fuego cesara ¡en el nombre de Jesús! Miré sorprendida cuando vi que las llamas habían bajado a la mitad de su tamaño. Al ver que mi oración había obtenido resultados, seguí pateando y ordenando con toda autoridad en el nombre de Jesús que el fuego cesara. Bajó de nuevo y a la tercera orden sonó "puf" y se apagó completamente.

El quemador de la estufa todavía estaba prendido, la toalla todavía estaba dentro del sartén sin terminar de quemarse. En lo natural debería estar todavía quemándose.

A través de esta experiencia yo aprendí que las cosas suceden cuando nosotros tenemos una relación en serio con Dios.

Nosotras podemos echar a diario toallas sobre nuestros problemas, pero a menos que nuestro caminar con Dios no sea en serio, no vamos a ver milagros ni tampoco tendremos maravillosas historias respecto a la fidelidad de Dios para con nosotras.

Así que, preciosas damas, las reto a que sean intensas. Muevan sus montañas por medio de intenso creer en la fidelidad de Dios. ¡El no las va a defraudar! No permitan que la prueba las engañe en creer que Dios las haya abandonado, porque cuando miren desde el otro lado, van a saber que ¡El nunca las abandonó!

HUELLAS DE LA MUJER DE DIOS

Recientemente una amiga me escribió, "Dios es tan ingenioso en la forma como El obra en nuestras vidas! Cuando estemos en el cielo, va a tomar toda la eternidad para escuchar las historias de lo que Dios hizo en las vidas de cada uno de nosotros. De hecho, probablemente Dios va a estar **diciéndonos** ya que seguramente la mitad de las veces nosotros no percibimos que El lo hizo. Creíamos que la vida estaba fuera de control, pero no lo estaba."

En el Salmo 91:4 dice: "....Escudo y adarga es Su verdad." Es un escudo tras del que puedes tú estar protegida. Y es una adarga para que tu familia completa esté protegida detrás de esta.

EL ES FIEL HASTA EL FINAL DE NUESTRA VIDA

El Salmo 116:15 dice: ""Estimada es a los ojos de Jehová la muerte de sus santos."

La palabra **estimada** sugiere algo de gran valor. Si nosotros poseemos algo de valor, lo protegemos y lo valoramos y nos complacemos en esto. Yo creo que Dios hace esto si nosotros hemos puesto nuestra confianza en El y lo hemos amado en nuestra vida terrenal. Por el hecho que yo he visto Su fidelidad durante mi vida, yo espero que El esté conmigo en los momentos finales de mi vida. El me llevará al hogar eterno sin contratiempo. El me envolverá en Su

HUELLAS DE LA MUJER DE DIOS

Espíritu protector porque yo tengo
valor para El, El se regocijará cuando
yo llegué y yo también me regocijaré.

CAPITULO DOS

LA REDENCION POR MEDIO DEL MATRIMONIO

Mis hijas preciosas, quiero que ustedes sepan que hay redención (liberación, salvación) por medio del matrimonio. Hollywood hace del matrimonio un chiste, distorsionando y destruyendo la imagen preciosa que Dios presenta, pero esto no cambia lo que Dios planeó desde el principio.

El matrimonio y la relación de la Esposa-de-Cristo que tenemos con Jesús son analogías o comparaciones de dos cosas.

El matrimonio es la imagen humana de una relación divina. Es una imagen de nuestra relación especial con Jesús, y Dios usa el matrimonio para ilustrar por completo el proceso redentivo.

Pablo llamó un gran misterio a esta comparación. Efesios 5.

Las casadas estén sujetas a sus propios maridos, como al Señor; porque el marido es cabeza de la mujer, así como Cristo es cabeza de la iglesia, la cual es su cuerpo, y El es su Salvador. Así que, como la iglesia está sujeta a Cristo, así también las casadas lo estén a sus maridos en todo. Maridos, amad a vuestras mujeres, así como Cristo amó a la iglesia, y se entregó a sí mismo por ella, para santificarla, habiéndola purificado en el lavamiento del agua por la palabra, a fin de presentársela a sí mismo, una iglesia gloriosa, que no tuviese mancha ni arruga ni cosa semejante, sino que fuese santa y sin mancha. Así también los maridos deben amar a sus mujeres como a sus mismos cuerpos. El que ama a su mujer, a sí mismo se ama. Porque nadie aborreció jamás a su propia carne, sino que la sustenta y la cuida, como también Cristo a la iglesia, porque somos miembros de su cuerpo, de su carne y de sus huesos. Por esto dejará el hombre a su padre y a su madre, y se unirá a su mujer, y los dos serán una sola carne. Grande es este misterio; mas yo digo esto respecto de Cristo y de la iglesia. Por lo demás, cada uno de vosotros ame también a su mujer como a sí mismo; y la mujer respete a su marido (Efesios 5:22.)

Con Jesús nosotros somos huesos de Sus huesos y carne de Su carne. No podemos tener una cercanía espiritual más que esa. El matrimonio es una relación tanto física como espiritual. De hecho, es probablemente más espiritual que física. La Iglesia no es un montón de piedras y ladrillos; más bien es una relación espiritual de la gente con Dios.

Dios nos creó a Su imagen. Eso no quiere decir pelo negro y ojos azules o pelo café y ojos cafés. Significa que El nos creó para amar, porque El es amor.

El nos creó para comunicar, porque El es un Dios de comunicación. El nos hizo para tener compañerismo y con necesidad de intimidad, porque esto es lo que El es, un Dios de compañerismo y de relaciones íntimas.

El nos creó para ser fieles, porque El es un Dios que guarda Su pacto con aquellos que El escogió y quienes lo amen.

Estas son cosas que El desea para nosotros y de parte de nosotros. La comunicación, el compañerismo, el tener intimidad, el amar y ser fieles son atributos de Dios, que El quiere en nuestras vidas y los que son necesarios para nosotros.

En la **CAIDA** del hombre en el Jardín de Edén, nosotros perdimos todos esos atributos. Satanás vino a Eva con su propio plan para tomar control de la humanidad. Eva recibió sus razonamientos en lo natural y esto causó que ella tomara una conclusión errada en el campo espiritual. La Biblia dice que ella fue engañada (1 Timoteo 2:14). Adán no fue engañado sino que siguió a Eva en su necedad. Ellos fueron echados fuera del jardín y en ese momento todas las emociones negativas de la humanidad entraron en sus vidas. Desde ese entonces nosotros hemos tenido culpa, vergüenza y temor.

Para que el hombre pudiera regresar a tener comunión con El, Dios había diseñado un camino de salvación por medio de Su Hijo. Jesús fue el último sacrificio de Dios por la humanidad. Cuando nosotros llegamos a la Cruz para tomar a Jesús como el Señor de nuestras vidas, nosotros llegamos para convertirnos en la esposa espiritual de Cristo. El se convierte en nuestro Esposo espiritual. Entonces nosotros entramos en una relación de amor con El. Nosotros respondemos a Jesús como la novia al esposo: para amarlo, comunicarnos, tener comunión con El, y serle fieles en una forma íntima. Nuestros ojos fijos en El. Vamos a querer tocarlo y mantenerlo cerca de nosotros. Vamos a querer que Su presencia siempre esté en nuestras vidas. Si nosotros nos acercamos a El y le permitimos, El con amor va a quitar todas esas emociones negativas que heredamos por la caída de nuestros primeros padres y que son tan destructivas para todos los seres humanos. Así El nos hace personas nuevas.

Desde hace muchos años yo he estado fascinada con el tema de la Esposa de Cristo, pero nunca he oído ninguna enseñanza al respecto.

HUELLAS DE LA MUJER DE DIOS

Toda la familia había ido a un lago para pescar por unos pocos días para complacer a los muchachos. Era el 11 de junio de 1982 cuando yo estaba despierta en la mitad de la noche y de golpe sentí que Dios comenzó a enseñarme sobre este tema. Parecía como que El me estuviera dictando el bosquejo de esta enseñanza. Yo me puse a pensar, si me duermo a lo mejor no me recuerdo mañana por la mañana, de modo que gatee fuera de todos esos cuerpos dormidos, tomé una silla de la cocina y me encerré en el baño que era el único lugar en donde si prendía la luz no molestaría a nadie.

La enseñanza que presento aquí es lo que yo creo que Dios me dio. Ciertamente no encierra todo el misterio del capítulo 5 de Efesios, pero creo que es un buen comienzo y algo que podemos entender hasta cierto punto. Recuerda, esta explicación es una comparación de nuestro matrimonio físico y la relación espiritual entre Jesús y la Esposa.

Imaginémonos una boda.

Los músicos están tocando y la novia avanza por el pasillo para hacer sus votos, para que su futuro esposo la clame, y para tomar una nueva identidad. Miremos primero su belleza.

HUELLAS DE LA MUJER DE DIOS

BELLEZA

RESPLANDOR
Ella está radiante. En su semblante externo el gozo brilla como una vestidura. Cuando nosotros nos entregamos a Jesús, otros pueden ver en nuestro semblante el gozo que tenemos por habernos unido a nuestro Esposo celestial.

PUREZA
La novia está vestida de blanco, color que representa pureza. Cuando nosotros llegamos a Jesús estamos vestidos con Su manto de justicia.

IDENTIDAD
En lo natural la novia entra demostrando su fe en su amante al entregar su vida en las manos de él. Ella pone su confianza en él, cambiando su confianza y dependencia en sus padres y otras personas y depositándola en sus manos. Ella acepta su identidad. Tanto sus éxitos como sus fracasos van a afectar grandemente la vida de ella. Ella va a compartir cualquiera que sea el fruto en la vida de su esposo. Según él sea, la gente la va a identificar en gran manera con él. ¡Qué imagen tan linda tenemos aquí de lo espiritual!

Cuando nosotros llegamos a Jesús, ponemos toda nuestra confianza en El. Ya no tenemos que poner nuestra confianza en nosotras o en otras personas, sino descansamos solo en El para que El nos guíe. Entonces nos identificamos con El.

Cuando nosotros hacemos nuestra entrada por el pasillo, el esposo ya nos está esperando. El nos ve bellas. El se regocija sobre nosotras como el esposo se regocija sobre su esposa. (Isaías 62:5 dice, "...Y como el gozo del esposo con la esposa, así se gozará contigo el Dios tuyo.")

COMPROMISO

Luego viene el compromiso. Cuando el ministro lee los votos, la novia promete amor, honor y obediencia a su esposo.

AMOR

La novia llega creyendo en el amor que él le tenga. Ella no conoce el futuro ni cómo salgan las cosas, pero ella cree en la integridad del novio. Ella cree que él es la persona que él le ha dicho que es. Ella, creyendo en su fidelidad y su amor se entrega a él. En este punto del matrimonio el amor es por fe.

Ella toma esta decisión de amar a este varón, de cocinarle y cuidar sus ropas, no importa como ella se sienta. El mundo nos aconseja que nos amemos a nosotros mismos, que nos cuidemos y que busquemos primero que todo nuestro bien. Esta filosofía no produce un buen matrimonio. Jesús nos enseñó a poner nuestra vida por la otra persona. Esta es una parte muy ignorada del compromiso.

Cuando nosotros entregamos nuestras vidas a Jesús para convertirnos en Su esposa, estamos confiando en Su fidelidad hacia nosotros. también estamos diciendo que le seremos fieles a El. Por fe nosotros recibimos Su amor hacia nosotros y damos nuestro amor a El.

Trágicamente, aunque nosotras prometemos amar a nuestros esposos, rápidamente aprendemos a echarles la culpa cuando toda clase de cosas no nos salen bien o nuestros esposos no satisfacen nuestras esperanzas. Con frecuencia nos pasa lo mismo en nuestra relación espiritual con Jesús. El amor no es vivir para sí mismos, es vivir para El. Dios espera que nosotras crezcamos y maduremos y no hay nada que te madure más rápidamente que el vivir con otra persona. Jesús, como tu Esposo espiritual puso Su vida por ti. El a su vez te pide que pongas tu vida por tu esposo, aquel que es el retrato terrenal del mismo Jesús, como el Esposo celestial. La Redención por medio del Matrimonio no es el vivir para sí mismo, sino el poner tu vida por otro.

HUELLAS DE LA MUJER DE DIOS

HONOR

Segundo, ella hace su voto de honrar a su esposo. El **HONRAR** significa "dar completa distinción." Romanos 12:10 habla acerca de ".....Prefiriéndonos los unos a los otros." Permíteme darte un ejemplo simple de prefiriéndonos los unos a los otros. Cuando fuimos a acampar en aquel viaje en el que el Señor me dio esta enseñanza, estábamos en una cabaña arrendada. Nosotros éramos una familia de siete personas, cinco niños y los dos papás, y la mesa de la cocina tenía solamente seis sillas. Yo le eché el ojo a otra silla mejor que había para agregar el séptimo puesto. Le dije a alguno de los niños que la pusiera en el puesto de su papá. Cuando vine de la cocina vi que todos estaban sentados y la silla mejor estaba en mi puesto y le pregunté al niño "¡creo que te dije que pusieras esta silla en el puesto de tu papá!" "Pero mi papito me dijo que la pusiera en el otro extremo de la mesa y que era para ti," respondió el niño.

Si solo pudiéramos aprender a ser menos egoístas y a dar completa distinción a nuestros consortes, nosotros crearíamos matrimonios bellos.

Una esposa rebelde que se niegue a honrar a su esposo, pasa esa rebeldía a sus hijos. Si ella no respeta a su esposo, los niños no lo van a respetar tampoco, y los resultados en sus vidas van a ser de rebelión y resistencia.

51

HUELLAS DE LA MUJER DE DIOS

Una mujer virtuosa, o una mujer de Dios no participa con otras mujeres en críticas y habladurías contra los esposos. Ella ora acerca de las debilidades de su esposo y le pide a Dios que lo haga más como Jesús.

El honor en el hogar produce dignidad. Sin esta dignidad la gente destruye la sociedad y los cimientos de nuestra nación se desploman.

Uno de los primeros problemas que se presentan en los recién casados es esta falta de honor, la que es causada por el desengaño y la desilusión. En este punto es donde nosotras tenemos que tomar la decisión de honrar y dar completa distinción a nuestro esposo, aunque él no sea lo que esperábamos.

De la misma forma Jesús perdona nuestras flaquezas y pecados los que andan con nosotras durante nuestro caminar cristiano.

OBEDIENCIA
El tercer voto que hace la nueva esposa es el de obedecer a su esposo. Si yo quisiera complacerte con las cosas que estoy escribiendo, tendría que omitir esta parte. De hecho, la palabra **obedecer** es a menudo quitada de las ceremonias matrimoniales norteamericanas de estos tiempos.

HUELLAS DE LA MUJER DE DIOS

Estamos viviendo en una era en la que la gente quiere hacer solamente su propia voluntad y la palabra **obedecer** significa "aceptar la voluntad de otro sobre la nuestra." ¡No nos sorprenda que éste sea un voto poco popular! Sin embargo, en la relación matrimonial nosotros necesitamos un líder. El tener un líder significa alguien que debemos seguir. Dios le dio el liderazgo al hombre; por consiguiente, la novia debe seguirlo.

En más de treinta años de matrimonio yo a veces he tenido mis luchas para andar en completa obediencia. Sin embargo, he aprendido que vale la pena obedecer, aún en ocasiones en las que mi esposo estaba errado (o yo pensé que lo estaba).

Dios de alguna forma honró mi obediencia y todo salió bien. Cuando yo insistía que se hiciera lo que yo quería generalmente me metí en problemas.

Creo que la obediencia selectiva es desobediencia y también creo que nosotras dejamos de crecer como socios en nuestro matrimonio cuando nuestra obediencia es selectiva en vez de obediencia completa. Yo creo que esta lección es una realidad en nuestra relación con Jesús, como nuestro líder máximo. Nosotras debemos darle a El obediencia completa. Es el máximo de presunción si nosotras creemos que

sabemos lo que es mejor para nosotras,
sin dejar campo para que nuestro esposo
nos guíe o en el nivel espiritual para
que Jesús nos guíe. A menudo escuchamos
gente que dice "Yo sé lo que es mejor
para mí." ¿De verdad? Hay personas que
no pueden recibir corrección ni
dirección.

Espiritualmente, Dios nos compara a las
ovejas, y las ovejas tienen que tener
un pastor que las guíe. Dios ha
ordenado y decretado que el hombre sea
el líder en el matrimonio. Yo usaba
decirle al Señor, "Ahora, Jesús, yo
podría obedecer a mi esposo si él fuera
perfecto como Tú. después de todo, es
solamente un hombre." Pero una y otra
vez comencé a notar que Dios sacaba
algo bueno de las no muy buenas
decisiones de mi esposo cuando yo lo
honraba como mi autoridad y mi líder.
A veces nosotras queremos discutir con
Jesús. Podemos razonar con El y con
nuestros esposos pero al final tenemos
que permanecer en su liderazgo. Ellos
son la última autoridad espiritual
sobre nosotras. Las esposas deben estar
bajo la autoridad del esposo y no bajo
la autoridad del pastor de la iglesia o
de cualquier otra persona.

Como mujeres nosotras no somos tapetes
sin sesos pero tampoco somos espíritus
independientes. ¡Qué maravilloso tener
un esposo que responda como Jesús! Tú
puedes ayudar a tu esposo a que alcance

HUELLAS DE LA MUJER DE DIOS

esa posición poniendo todas tus
habilidades para darle tu apoyo
completo. Ayúdale a que sea el hombre
de Dios que El quiere que sea.

Deja de afanarte acerca de tu gran
ministerio internacional. Tu ministerio
es tan cerca como tu más íntima mitad.

Algunas han recibido un lavado cerebral
y ahora creen que ellas merecen una
vida de cuento de hadas y que la
felicidad sea su último logro. Ellas
creen que su propia felicidad es el
principio y el fin de todas las cosas.
"Yo tengo que amarme, ser buena conmigo
misma, cuidarme y tener un espíritu
independiente." Pero los espíritus
independientes nunca saben lo que
significa un compromiso completo.

Una pareja cristiana hace su compromiso
por toda la vida, hasta que la muerte
los separe. El compromiso es la propia
vida y el latido del corazón de un
matrimonio.

¿Cómo hago para someterme a mi esposo?
en la misma forma en que me someto a
Jesús -con el mismo amor, el mismo
honor, y la misma obediencia que le doy
al Señor. ¿Tremendo, verdad?

UNION
Generalmente después de la ceremonia la
pareja deja el grupo de gente que les
ha deseado toda clase de parabienes,
para formar la unión física delante de

Dios. Los dos deberán ser una sola carne. La unión física ocurre cuando el órgano sexual del varón invade el cuerpo de la mujer. (Jesús) y dijo: "Por esto el hombre dejará padre y madre, y se unirá a su mujer, y los dos serán una sola carne. Así que no son ya más dos, sino una sola carne; por tanto, lo que Dios juntó. no lo separe el hombre." (Mateo 19:5-6).

En el campo espiritual, el Espíritu Santo entra a vivir en nosotros en el momento de la salvación haciéndonos una sola carne con Jesús. El Espíritu Santo viene a nuestros cuerpos, haciendo una unión espiritual. Pablo llama a esta unión un gran misterio, porque se refiere a Cristo y la Iglesia.

INTIMIDAD
Esta experiencia causa intimidad. "Porque somos miembros de su cuerpo, de su carne y de sus huesos." (Efesios 5:30).

La humanidad clama por tener intimidad con otro ser humano. Dios nos hizo para necesitar esa intimidad. Qué feliz será la pareja que en verdad encuentre esa clase de unión en el espíritu y en la carne. Esta es una vislumbre de la intimidad que Dios anhela tener con nosotros. Esta unión con Dios es tan profunda que nuestras mentes no pueden en verdad absorberla. La unión física con la otra persona, aunque es buena, no puede compararse con la eterna unión espiritual que Dios tiene guardada para aquellos que lo aman y que son fieles para con El.

Dios es un Dios santo. El es un Dios limpio y puro. Al hacer esta declaración puedes estar segura que no significo algo bizarro o sacrílego.

El sexo fue idea de Dios, no lo pecaminoso que el hombre inventó. Dios quiso con éste bendecirnos y llenar nuestras más profundas necesidades y no ponernos carga como con una fea necesidad de la vida.

Si esto es una carga para ti, tú necesitas comprender que no estás cumpliendo con el papel que Dios nos da para sus vidas, tanto la tuya como la de tu esposo.

¿En qué otra forma podemos estar más cerca el uno del otro como en esta unión? La gente ha escrito muchos libros acerca de las técnicas del sexo, pero no es la técnica lo que nos acerca el uno al otro sino la relación en el matrimonio. En la misma forma el principal órgano del sexo no es el cuerpo sino la mente.

No sería ridículo entonces decir que el sexo es de naturaleza espiritual. No se puede separar el espíritu del acto. No estaríamos alargando el punto si dijéramos que la razón por la que tenemos tan poco poder para la reproducción espiritual es debida a nuestro concepto liberal acerca de nuestra relación con Dios. Ya nosotras no estimamos al sexo como una cosa santa que Dios ordenó y que El quiso que fuera el retrato de la santa y perfecta unión entre El y el hombre. Tampoco apreciamos la santidad de nuestra unión con Dios. Nosotras tendemos a separar la unión con Dios de la unión con nuestros esposos y esto no lo debemos hacer.

PLACER

A través de esta unión viene un profundo placer. El sexo tiene maravillosa atracción. Si no hubiera esa atracción tan poderosa, no habrían vidas destruidas, uniones ilícitas ni hogares rotos. El bautismo con el Espíritu Santo y el acto sexual, son dos de las experiencias más emocionales de la vida. Es tremendamente grato cuando tenemos una buena relación matrimonial junto con una buena relación sexual. Esto lo podemos imaginar solamente en el matrimonio y en el acto del matrimonio. En esta vida nosotros no podemos duplicar nuestro deleite en la revelación de Jesús y Su manifestación a nosotros por medio del bautismo en el Espíritu.

MADUREZ

El propósito de la unión es para que maduremos. ¡Es tiempo de crecer! de poner a un lado nuestras niñerías, nuestra preocupación por nosotras mismas, cualquier perversión de naturaleza sexual, y otros amores y nuestras lealtades divididas.

En la unión espiritual el Espíritu Santo es nuestro maestro, y si le permitimos El nos va a enseñar, y a madurarnos para llegar a una bella relación con Jesús. El también nos va a enseñar acerca de El, de nosotras mismas, de nuestros esposos y de otros.

Mas el Consolador, el Espíritu Santo, a quien el Padre enviará en mi nombre, él os enseñará todas las cosas, y os recordará lo que yo os he dicho. (Juan 14:26).

Generalmente la verdadera amorosa unión física es acompañada por tiernas palabras de amor y de ánimo. De la misma forma el Espíritu Santo nos habla dulce y amorosamente.

DEFINICION
Otros nos definen en esta vida dependiendo de la persona con la que nos casemos.

¡Queridas Damas! ¿Están dispuestas a que otros las definan en la vida de acuerdo a la persona con la que se hayan casado? No hay verdadera unión espiritual en el matrimonio, a menos que estés dispuesta en tu corazón a que te definan.

Si nosotros escogemos vivir nuestra propia vida, vamos a dar lugar al aislamiento, y éste no va a permitir que la unión se desarrolle.

Permíteme decirlo de otra forma. Podemos tomar la decisión de vivir nuestras propias vidas aparte de nuestros esposos, o podemos escoger vincularnos con ellos. Esta es nuestra alternativa.

Si nosotras escogemos funcionar aparte de Dios en el campo espiritual, se nos llamaría impías. Esto de querer salvarse a sí mismo es un problema básico del hombre. Y éste es su nombre, humanismo. La auto-satisfacción y el buscar su propia vida es lo que impele al individuo. Jesús dijo: "El que halla su vida la perderá; y el que pierde su vida por causa de mí, la hallará" (Mateo 10:39)

¿Cómo puede ponerse algo más en claro? Nosotros podemos escoger vivir nuestras vidas aparte de El o en vínculo con El. El vivir aparte significa que perderemos nuestra vida. Si tomamos la decisión de perder nuestra vida en Dios por medio de nuestros esposos, vamos a encontrarla.

PRODUCTIVIDAD

"Pero recibiréis poder, cuando haya venido sobre vosotros el Espíritu

HUELLAS DE LA MUJER DE DIOS

Santo, y me seréis testigos..." (Los
Hechos 1:8)

El poder para reproducir viene de
nuestra unión. Un hombre solo o una
mujer sola no tienen poder en sus
propios cuerpos para la reproducción de
vida. Es la unión del fruto de la mujer
(el óvulo) y la semilla del hombre (el
espermatozoide) lo que produce un bebé
(o vida).

Dios nos mandó que fuéramos fructíferos
y nos multiplicáramos. La mayoría de
las parejas quieren y eventualmente
esperan que haya fruto de su unión.
Dios también quiere y espera fruto de
nuestra unión con El.

Rut 4:11 dice en parte: "Jehová haga a
la mujer que entra en tu casa como a
Raquel y a Lea, las cuales edificaron
la casa de Israel"

Cuando la Biblia traza el linaje de
Jesús, muestra a Rut como uno de Sus
ancestros. Ojala que la gente nos vea
como mujeres virtuosas edificando la
casa del Señor por medio del buen
ejemplo que damos y por la influencia
que tenemos en nuestros hijos.

INSTRUCCION
El fruto es deseable ya que Dios nos
enseña por medio de nuestros hijos y
nos prepara para Su Reino. Los
problemas de los hijos nos enseñan a

descansar en el Señor y a ver Su milagroso poder.

RETO
Ellos nos presentan retos para expresar nuestra creatividad, nuestra industrialidad y crecimiento como ninguna otra cosa que pueda producir resultados y vida eternos.

UNIDAD

¿Sabes tú de alguna UNION que no indique siempre "unidad"

Vemos en Juan 17:23 "Yo en ellos, y tú en mí, para que sean perfectos en unidad..." Esa unión es para la perfección de la unidad. Este versículo nos indica que Dios quiere obrar en nosotros un poco de perfección.

El quiere lograr la perfección en nosotros en dos lugares. En nuestra relación matrimonial y en nuestra comunión en la Iglesia.

Antes de que pueda haber verdadera unidad, tenemos que ser uno en espíritu y en propósito con el Señor Jesús. Debemos buscar el hacer Su voluntad, deleitarlo y complacerlo. Nosotras no empujamos nuestra propia agenda ni empujamos para obtener lo que queramos.

A lo mejor tú has tenido un encuentro con Jesús y has aceptado Su salvación.

HUELLAS DE LA MUJER DE DIOS

Por consiguiente ha habido una unión entre Jesús y tú. Sin embargo, la unidad es más que esta unión. Se trata de buscar hacer Su voluntad y entrar en unidad con la voluntad de El y con lo que a El le place. El hecho de querer complacerlo aún si Su voluntad nos destruye nuestros planes e ideas preconcebidas.

Podemos hacer esta misma aplicación a nuestra a nuestra relación física del matrimonio. Cuando nos demos cuenta que no somos espíritus independientes sino una persona en una relación tanto física como espiritual con otro ser, debemos comprender que hay algo especial en esto.

Para alcanzar la unidad se necesitan varios pasos.

AJUSTE
Debemos ajustar nuestra naturaleza a la de Dios, para obtener unidad en el campo espiritual. No debo tratar de preservarme sin ningunos cambios en mí. Debo estar dispuesta a cambiar para ser compatible con la naturaleza de Dios. A medida que pasen los años debo verme y actuar más como Jesús y menos como la persona que originalmente lo aceptó en esta relación de amor.

Cuando mi esposo Carroll y yo nos casamos, él era una persona de altos logros. Se había graduado de escuela superior con altos honores antes de cumplir sus diez y seis años. Estudió un año en la Escuela de Administración Draughan, a los diez y siete ya estaba trabajando y a los diez y nueve se le había prometido un almacén para que el mismo administrara. Pero Dios tenía un llamado en la vida de él y a los diez y nueve años él decidió aceptar el llamado al ministerio.

Por otro lado, yo soy de temperamento artístico. La gente con este temperamento es a veces bien rara ya que no les gusta estar amarrados a ciertas rutinas y tienen su propia clase de inseguridades. No diría que Carroll y yo tuvimos problemas severos, pero la verdad es que éramos distintos en varias maneras. Nos tomó ajuste para poder aceptar las cosas que nosotros no podíamos cambiar en la otra persona, y un esfuerzo mayor para ajustar las cosas que podíamos cambiar.

PACIENCIA

Toma mucha paciencia para que estos ajustes lleguen a madurar en unidad, y los ajustes toman tiempo. Es importante que demos tiempo al tiempo para que veamos los resultados positivos. Cuando luchamos por obtenerlos y recibimos la ayuda de Dios, lo podemos lograr. En Santiago 1:4 nos habla de dejar que la paciencia tenga su obra completa para que seamos perfectos y cabales sin que nos falte cosa alguna.

HUELLAS DE LA MUJER DE DIOS

SELECCIONES CORRECTAS

La verdad es que, siempre es muy importante el que nosotras hagamos selecciones correctas. Proponte a hacer las selecciones correctas y a no rebelarte. Decide ser obediente, amable, amorosa y paciente.

Si tu siembras, estas semillas se convertirán en frutos abundantes.

PERSEVERANCIA

Toma la decisión en tu mente de nunca renunciar ni echar para atrás. En otras palabras, decídete a ser perfeccionada en unidad tanto con Jesús como con tu esposo.

COMPROMISO TOTAL

Para poder tener unidad no podemos tener lealtades divididas. Renuncia a tus viejos amores tanto físicos como espirituales, y no mires hacia el pasado. Pon tu mente en alcanzar un logro de total dedicación y compromiso. No vayas a ser como aquella niña que después de diez o veinte años de matrimonio todavía sueña con aquel viejo amante (o los placeres que dejó con su vida pasada). Cuando cortes estos recuerdos y te decidas a un compromiso completo, vas a ver que la unidad en tu vida comienza a desarrollarse.

Una nueva teoría ha proyectado esto de que las relaciones sean 50/50. Tu esposo da un 50 por ciento y tú das un

50 por ciento. ¿Te puedes imaginar a
Jesús proyectando esta clase de unidad?
Este no es de ninguna manera el plan de
Dios aunque puede que suene bueno y
hasta razonable para la mente natural.
Dios nos dio todo, nos dio lo mejor a
Su Hijo Unigénito. El espera que
nosotros retornemos todo. A menudo he
visto divorcios y es porque han tenido
una relación de 50/50. Dios nos
demostró que debemos darlo todo. Un
matrimonio entre dos personas
comprometidas para darlo todo, va a
tener éxito. También va a resultar en
una unidad total entre Jesús y tú.

CONFIANZA TOTAL
Muchas mujeres han sido abusadas por
los hombres. Por esta razón las mujeres
encuentran difícil tener confianza.
Puede que sientas que Dios o tu padre
en la tierra te hayan defraudado, o
quizás tú sabes que tu esposo no es un
hombre en el que puedas confiar. Tú fe
va a comenzar a crecer, si tomas la
decisión de confiar en él, entregándote
toda a hacerlo. El resentimiento, la
ira o la falta de confianza causan
resistencia y destruyen la fe y el
amor. Dios es digno de nuestra total
confianza aún si no podemos entender
siempre todas las cosas. A lo mejor
puede que tu esposo al ver tu actitud
de confianza en él, se decida a ser un
hombre en el que se pueda confiar.

RELACION COMFIRMADA

El resultado de la unidad es una relación madura y confirmada. Muchas parejas después en los treinta o los cincuenta descubren que en verdad ellos tienen una felicidad profunda. Ellos han entrado en los beneficios que produce una relación confirmada.

CONTENTAMIENTO

Ya no hay necesidad de luchar (pelear, competir, vindicarse), porque la pareja está satisfecha y complacida con el lugar en el que se encuentran en sus vidas. Son felices.

PAZ

Han entrado en un lugar de paz en su relación mutua, o si hablamos espiritualmente, han entrado en la paz del Señor. Ya no existe esa lucha de poderes, esa guerra para asegurar su propia voluntad. o el deseo de ser el líder o de levantar la mano.

SEGURIDAD

Cuando nosotras sepamos que podemos descansar en nuestro esposo y confiar en su fidelidad y lealtad, sabiendo que él va a hacer lo bueno y no el mal para con nosotras es cuando vamos a sentir seguridad o protección. ¡Qué alegría! También tenemos seguridad en Jesús porque sabemos que Sus pensamientos y deseos para nosotros son de paz y no de mal, de bienestar y no de calamidad, para darnos un futuro y esperanza. (Vea Jeremías 29:11.)

"Porque yo sé los pensamientos que tengo acerca de vosotros, dice Jehová, pensamientos de paz, y no de mal, para daros el fin que esperáis."

FAMILIARIDAD

Aunque pensemos que estamos muy enamoradas cuando nos casamos, nos vamos a encontrar que tenemos cierto grado de extrañeza y hasta timidez. Parece que tanto hombres como mujeres tienen problema en esta área. De hecho, al casarse una pareja es joven y si casi no se conocen a sí mismos, mucho menos a su compañero. Tienen una idea preconcebida respecto a la dulzura o la hombría o puede que éstas no existan sino externamente. Pero, después de varios años de ajuste y crecimiento es cuando viene la familiaridad. A esta la podríamos llamar la verdadera intimidad. Cuando en nuestras vidas ocurre esta verdadera intimidad, la timidez y la extrañeza desaparecen y va a existir una familiaridad confortable, porque nosotros conocemos a esta persona y podemos estar confiados sin temor.

después de varios años de caminar con el Señor, existe un acercamiento, un conocimiento de Su naturaleza y una intimidad que desafía todas las tormentas. ¡Este es el Dios que yo conozco! Yo estoy segura que El está conmigo; Estoy también segura de Su respuesta a mi necesidad. Yo estoy familiarizada con Sus caminos. Yo sé que puedo confiar en El, a lo mejor no comprendo, pero aún así puedo confiar en El.

REALIZACION

La realización es el resultado final de una relación que ha pasado la prueba. Esto es exacta-mente lo que el mundo busca y no puede encontrar. Dios nos hizo de cierta manera y si nosotros seguimos Su plan vamos a encontrar esta realización en nuestras vidas. Fuera de El, nunca podremos alcanzar una realización duradera.

LIBERTAD

El resultado de la realización es libertad. Cuando nosotras nos sentimos realizadas, vamos a ser liberadas de nuestros temores e inseguridades. En un buen matrimonio la relación de cada uno es relevada en una libertad que el mundo solo puede soñar. Debemos aclarar que la libertad no necesariamente significa independencia. La verdadera sumisión trae sus propios galardones (si un cónyuge insensible no abusa esta sumisión).

GOZO

Si la persona se ha realizado en su matrimonio va a tener gozo como resultado. Pedro lo llamó "....gozo inefable y glorioso" (1 Pedro 1:8). Nosotras podremos tener gozo tanto en nuestro matrimonio como en el campo espiritual si creemos que el gozo es un atributo que podemos expresar o guardar para nosotras mismas. Qué mejor que nosotras decidamos expresarlo abiertamente con aquellos con los que estamos en contacto.

Una vez en una conferencia para damas yo escuché al predicador decir: "El mundo puede ver en tu semblante cómo te sientes respecto a tu esposo." Mi primera reacción fue, "¡Mira no más! ¡Claro que no!" Al correr de los años me he convencido que esta observación es a menudo verdadera. Yo he visto esta realidad en las caras de las mujeres en varios países del mundo en los que he estado. Si nuestro matrimonio no es algo bello, puede dejar cicatrices tan profundas dentro de nosotras que la gente puede ver ese dolor en nuestro semblante.

El mundo debe poder ver a Jesús (nuestro Esposo) en nuestro semblante. Nosotras debemos radiar a Jesús. ¿Has visto alguna vez o te han contado de parejas que han estado casadas por muchos años terminan pareciéndose el uno al otro?

¡La gente debe ver a Jesús en nosotras! Si no pueden respirar la dulce fragancia, sentir su suave amor, conocer la fortaleza de carácter, ver el resplandor de Su gozo y felicidad (aún en medio de las pruebas), tienes que trabajar muy fuerte, porque nuestra misión en la tierra es la de reflejar a Jesús. Debemos ser un retrato viviente de Jesús; nuestro matrimonio debe ser un retrato de Su relación con Su esposa.

La aceptación espiritual de Jesús como nuestro Esposo puede llevarnos a una madurez espiritual.

Segunda de Corintios 3:18 dice: "Por tanto, nosotros todos, mirando a cara descubierta como en un espejo la gloria del Señor, somos transformados de gloria en gloria en la misma imagen, como por el Espíritu del Señor."

Un día yo escuché a dos bellas y maduras mujeres de Dios. Una habló de cómo ella se sentía como una flor en la pared cuando era joven. La otra comentó que ella era más alta que las otras muchachas y se sentía como fuera de sitio en todas partes. Pero ambas buscaron a Dios en sus vidas y se casaron con buenos hombres de Dios. El matrimonio redimió sus vidas. Ahora ambas son líderes destacadas en la comunidad cristiana. A lo mejor ellas habrían triunfado en sus vidas de todas maneras, pero qué glorioso que Dios las tiene testificando y usando sus vidas en muchas partes del mundo.

De ninguna manera vamos a errar, si nos unimos a Jesús en una relación íntima. Esto es lo más importante en nuestra vida. De la misma forma el maravilloso retrato del matrimonio merece tanto nuestros mejores esfuerzos como nuestra completa atención. Es digno de perfección y de que luchemos por esto. No es algo que nos podemos quitar y poner como un abrigo, o que no valoremos como un zapato viejo.

El matrimonio fue el plan de Dios. El instituyó tanto el matrimonio como la Iglesia. El éxito del uno es como el del otro, y el éxito de nuestra sociedad depende de ambas instituciones. La estabilidad del matrimonio afecta grandemente a Su Iglesia (cuerpo).La destrucción de esta unión sagrada entre el hombre y la mujer, puede destruir la sociedad. En El, esta unión sagrada puede ser fuente de gran felicidad y gozo. Sí, hay redención para nosotras por el matrimonio y salvación para nuestra sociedad.

¿Qué ves como la base para una relación completa con Jesús? ¿No es la sumisión, obediencia, total respeto y total confianza?

A la luz del paralelo que he trazado, ¿no debemos relacionarlo con la sumisión, obediencia, total respeto y total confianza en nuestros esposos?

HUELLAS DE LA MUJER DE DIOS

CAPITULO TRES

LO QUE ES UNA MUJER DE DIOS

A menudo escuchamos la expresión "hombre de Dios", pero raras veces escuchamos que se hable de una "mujer de Dios". Hoy en día existe una gran necesidad de que mujeres virtuosas o mujeres de Dios estén en capacidad de enseñar con su ejemplo.

El objetivo del movimiento de la Liberación de la Mujer, ha sido el de convencernos que no es suficiente ser una esposa y una madre. Las feministas están convencidas que nosotras no podemos sentirnos realizadas en esta forma. Yo discuto que podemos serlo con muchas menos presiones y la tensión bajo la que están las mujeres que han escogido una carrera.

El humanismo secular nos dice que nos debemos a nosotras mismas el encontrar realización en cualquiera de nuestros deseos y caprichos.

Por otra parte, la mujer de Dios ha aprendido que el verdadero cristianismo es simplemente el arte de amar. Ella desarrolla relaciones controladas por el Espíritu, llenas de amor, justicia y sinceras en naturaleza. Su actuación es de auto-sacrificio para el logro de estas relaciones.

HUELLAS DE LA MUJER DE DIOS

"El fruto del Espíritu ....amor, gozo, paz, paciencia, benignidad, bondad, fe, mansedumbre, templanza..." Es evidente en su diario caminar (Gálatas 5:22-23).

El Cuerpo de Cristo necesita desesperadamente mujeres que hayan aprendido a ser virtuosas a los pies de Jesús para que puedan servir de modelos para las mujeres jóvenes. Necesitamos mujeres que estén en capacidad de enseñar por palabra y ejemplo ya que muchas de las mujeres jóvenes no han recibido buen ejemplo en los hogares de los que ellas proceden.

No solo necesitamos producir buenas mujeres, necesitamos producir mujeres espirituales y aún más; súper-mujeres.

Yo siempre pensé que el capítulo 31 de Proverbios describía a una súper-mujer y yo me preguntaba ¿cómo es posible que una mujer pueda hacer tantas cosas como las que este capítulo describe? Estoy segura que ella era una mujer común y corriente,
pero aún así todo lo que esos versículos mencionan es referente al manejo, mantenimiento y embellecimiento del hogar así como de su relación con su esposo y sus hijos. Ella era una mujer de negocios y los manejaba bien. En el versículo 18 dice en parte "Ve que van bien sus negocios..."
Parece que ella se estimaba a sí misma, y la cosa interesante es que parece que

ninguna persona estaba haciendo lo más posible para edificarla. Lo que ella hizo con su vida y la persona que ella era fueron los que causaron esto. (Lo que nosotros hacemos con nuestras vidas, es el resultado de quienes somos.)

Al tomar los puntos principales del capítulo anterior, veamos si la mujer de Proverbios cumple los pasos mencionados.

BELLEZA

Ella irradia belleza (vs. 22). Ella se viste de lino fino y púrpura y ella se hace tapices. A más de esto, el versículo 21 en la Biblia King James en inglés indica que su familia está vestida de escarlata. El color escarlata significa salvación. Ella alcanza a los suyos y los viste en salvación. (Lee Josué 2:18-19 y Hebreos 9:19-22).

Ella no estaba contenta con ser una mujer promedio. Yo te reto a que tú también seas una mujer única. Puede que tú no estés envuelta en negocios de finca raíz o en la industria del vestuario, pero Dios tiene un lugar para ti en el Cuerpo de Cristo. No trates de ser una persona que tú no eres, pero sí encuentra tu lugar y llénalo al tope.

HUELLAS DE LA MUJER DE DIOS

COMPROMISO

El compromiso implica dar honra y reconocer al otro en todo lo que vale. En el versículo 11 dice "El corazón de su marido está en ella confiado." El versículo 12 dice "Le da ella bien y no mal todos los días de su vida." Ella se ha comprometido con él de por vida.

UNION

El versículo 11 dice que no carecerá de ganancias. Entre otras cosas, simplemente quiere decir que el esposo no se va a descarriar porque él está satisfecho con la sexualidad de ella. El sabe que puede contar con ella para la honra de su unión, así que él puede tener una paz y contentamiento profundos.

PRODUCTIVIDAD

El versículo 28 dice que "Se levantan sus hijos y la llaman bienaventurada..." El versículo 15 dice que "Ella da comida a su familia." En el versículo 16 vemos que ella está capacitada para hacer juicio espiritual y negociar (guerra espiritual) para producir fruto "...planta viña del fruto de sus manos.."

UNIDAD

¿Existe la **UNIDAD** en el matrimonio de esta mujer? Claro que sí, "Su marido es conocido en las puertas..." (Versículo 23). La puerta es el lugar en el que los ancianos de la tierra se reunían para regir. Ella no lo está distrayendo para que venga a satisfacer sus necesidades. Porque ella ha sido perfeccionada en unidad, ella puede funcionar independientemente de su esposo pero siempre en unidad con él. Ellos están en unidad en lo que ella hace, pero su seguridad emocional no depende de la presencia de él.

RELACION CONFIRMADA
El versículo 11 nos muestra una relación confirmada. "El corazón de su marido está en ella confiado..." El está contento, en paz y seguro con ella.

Ella vive una vida realizada. Ella tiene libertad y confianza para moverse y cuidar de asuntos importantes. Ella debe estar gozosa porque su esposo la alaba y sus hijos se levantan y la llaman bienaventurada. El versículo 25 dice, "...y se ríe de lo porvenir."

La mujer de Proverbios está capacitada para hacer todas las cosas que ella hace debido a sus características espirituales que ella ha desarrollado. El versículo 17 dice, "Ciñe de fuerza sus lomos, y esfuerza sus brazos." La mujer de Proverbios es quien es porque "Fuerza y honor son su vestidura..." (Versículo 25). El versículo 26 dice, "Abre su boca con sabiduría, Y la ley de clemencia está en su lengua."

HUELLAS DE LA MUJER DE DIOS

FORTALEZA

Ella es fuerte. "Ciñe de fuerza sus lomos y esfuerza sus brazos" (Versículo 17)

¿De dónde saca ella sus fuerzas? Deuteronomio 33:25 dice: "Hierro y fuerza serán tus cerrojos, Y como tus días serán tus fuerzas."

La fortaleza fluye de Dios hacia nosotros. Nosotros la recibimos de la Fuente de todo poder. Suple nuestras necesidades de fortaleza tanto espiritual como emocional, mental, física y financiera.

HONOR

La humildad produce el honor. Si nosotras somos humildes recibiremos honor. Isaías 58:13 dice que nosotros debemos retraernos de hacer nuestros propios placeres y debemos honrar a Dios, negando nuestro propios deseos y no hablando nuestras propias palabras. Debemos humillarnos antes Dios y el versículo 14 dice, que El nos honrará.

Santiago 4:10 y 1 Pedro 5:6 dicen que si nosotros nos humillamos bajo la Mano de Dios, El nos levantará cuando fuere tiempo. 1 Pedro 5:5 dice, "...revestíos de humildad; porque Dios resiste a los soberbios y da gracia a los humildes."

HUELLAS DE LA MUJER DE DIOS

Proverbios 31 dice que la fuerza y el honor son sus vestiduras. Nosotros nos podemos envolver en fuerza y honor y estas cualidades cubrirán nuestra desnudez espiritual. Estas constituyen las vestiduras que cubren nuestra naturaleza pecaminosa y nos hacen bellas eternamente.

SABIDURIA

¿De dónde procede la sabiduría? De dónde es que ella recibe la sabiduría que procede de su boca?

Proverbios 15:33 dice, "El temor de Jehová es enseñanza de sabiduría...." Santiago 1:5 dice,

¿De dónde obtuvo la sabiduría que viene de su boca? Proverbios 15:33 dice, "El temor de Jehová es enseñanza de sabiduría; Y si alguno de vosotros tiene falta de sabiduría, pídala a Dios, el cual da a todos abundantemente y sin reproche, y le será dada." Si tú tienes sabiduría, esta se va a notar en tu conversación. Mateo 12:34b, "Porque de la abundancia del corazón habla la boca." vs. 37 "Porque por tus palabras serás justificado, y por tus palabras serás condenado."

Cuando los frutos del Espíritu Santo se manifiesten en tu vida, la sabiduría será la consecuencia.

HUELLAS DE LA MUJER DE DIOS

La sabiduría va a fluir de nosotros, cuando se manifiesten en nuestras vidas el temor de Dios y los frutos del Espíritu Santo. La sabiduría fluye de las abundancia (inundación) de un corazón que ha sido alimentado con los frutos del Espíritu Santo.

MISERICORDIA

Ella ha desarrollado la característica de la misericordia. Colosenses 3:12 dice que nos vistamos de entrañable misericordia. Dios nos indica que lo tenemos que hacer nosotras mismas. Nosotras tomamos la decisión de vestirnos ya sea con o sin misericordia. Es una decisión que tenemos que tomar a diario y a veces minuto por minuto. Nosotras somos el producto de lo que escojamos hacer o ser. Nosotros escogemos ser amables, no consentir en frustraciones, enojo, celos, ni en hacer nuestra propia voluntad.

Debemos hacer notar que la misericordia es un atributo de Dios. Nehemías 9:17 es "...Pero tú eres Dios que perdonas, clemente y piadoso, tardo para la ira, y grande en misericordia..."

Si nosotras somos misericordiosas, somos como Dios.

El Señor requiere la misericordia. En Miqueas 6:8 leemos, "Oh hombre, él te ha declarado lo que es bueno, y qué pide Jehová de ti: solamente hacer justicia, y amar misericordia, y humillarte ante tu Dios." Podríamos escoger no ser misericordiosos, no complacer al Señor y fallarle.

OTRAS CARACTERISTICAS

Este capítulo de Proverbios nos presenta otras características de la mujer de Dios. Voy a hacer la lista para que te examines y sepas cuántas pueden encontrar en tu vida.

VIRTUD (Versículos 10 y 12)
Una mujer de fortaleza y carácter, es una mujer virtuosa. Podemos contar con ella sabiendo que su comportamiento es correcto. Su carácter manifiesta bondad.

INTEGRIDAD MORAL (versículo 11)
Ella es fiel a su esposo, y él confía en ella porque él sabe que ella escogerá seguir el bien y no el mal.

DILIGENCIA (versículos 13, 14 y 18)
En ella no se encuentra la pereza. Ella se esfuerza para lograr sus metas y suplir las necesidades de su familia.

ACTITUDES DE GENEROSIDAD Y CUIDADO (Vs. 15) Ella piensa en las necesidades de otros, es considerada y generosa.

HABILIDAD PARA LOS NEGOCIOS (Vss. 16 7 27)

HUELLAS DE LA MUJER DE DIOS

FORTALEZA (Versículo 17)

COMPASION (Versículo 20)
Ella es amable y cariñosa y ofrece
ayuda tangible a aquellos que están en
necesidad.

ESPIRITUALIDAD (Versículo 30)
Ella teme al Señor y vive su vida a la
luz de este temor y respeto.

Muchas mujeres hicieron el bien, pero
ella las sobrepasa a todas. Ella puede
percibir lo invisible e interpretar
cuando habla el silencio. Ella ve la
implicación tanto de sus propias
acciones como las de otros. Una mujer
que tiene este gran don puede pasarlo a
sus hijas.

Podemos decir que lo que es la mujer de
Dios, fluye de su carácter demostrando
la clase de persona que ella es.

CAPITULO CUATRO

LA MUJER IMPIA
(el Espíritu de Jezabel)

En el Primer Libro de los Reyes (Capítulo 16:28 hasta todo el capítulo 21) encontramos la historia de la malvada Reina Jezabel.

Jezabel fue la esposa de Acab rey de Israel durante el tiempo del profeta Elías. La traducción literal de su nombre es "sin cohabitación." COHABITAR significa "Vivir juntos como marido y mujer." Su nombre es apropiado con la idea de que Jezabel tenía un espíritu inquieto, que nunca se sometió ni se vinculó a su esposo. Ella era insubordinada y ambiciosa, dominante y tenía un arrojo que la hizo pasar más allá de su esposo Acab para dominar toda la nación de Israel. Acab era el rey pero quien regía era Jezabel ya que él se sometió a la autoridad de su esposa y le permitió hacerlo. Sus metas eran el poder y el control y su dios era Baal.

Al final ella fue casi totalmente responsable por la corrupción de la nación entera de Israel. El poder que la mujer tiene tanto para hacer el bien o el mal es tremendo y Jezabel se convirtió en un ejemplo, por toda la eternidad, de lo que la mujer no debe ser.

Nosotros llamamos el espíritu de Jezabel "una de las manifestaciones de Satanás" que está suelta en el mundo. Es un espíritu formidable y sumamente fuerte y sus raíces están en la rebelión y la brujería. Como parte del movimiento feminista de hoy en día está el espíritu de esa antigua diosa (yo lo llamaría, demonios) y se está moviendo con fuerza en parte del movimiento feminista.

Estas mujeres feministas abogan por el retorno de esta antigua diosa. Ellas quieren proyectar en el universo el espíritu de la mujer. Ellas quieren reclamar la energía de la mujer, individual y planetaria.

El espíritu de Jezabel es en naturaleza religioso y busca su entrada en la iglesia. Apocalipsis 2:20 dice, "Pero tengo unas pocas cosas contra ti: que toleras que esa mujer Jezabel, que se dice profetisa, enseñe y seduzca a mis siervos..."

Este espíritu penetrará las posiciones de autoridad usando la brujería, el control, mujeres en muchas posiciones de poder, y aún la seducción sexual. Las mujeres se sienten atraídas al espíritu de Jezabel por su habilidad para manipular sin el uso de fuerza física. Funciona a través de mujeres que por ser vanas, celosas o inseguras, desean controlar y dominar a otros. Es un espíritu desenfrenado y perverso que se manifiesta por medio de un corazón insubordinado.

Se alimenta de las debilidades del hombre, dominándolo sin permitirle que sea fuerte ni que tome la autoridad que Dios le ha dado. Un hombre responderá de dos maneras ya sea exaltando a la mujer y complaciéndola en todos sus deseos, o convirtiéndose en un hombre pasivo sin tomar ninguna iniciativa. Generalmente si el hombre trata de tomar su posición, sus hábiles y forzadas respuestas generalmente lo vencen.

Como cristiana puede que ella hable mucho de la sumisión, pero en su vida es solamente en forma externa. Este espíritu operante en la iglesia ha causado la destrucción de muchos hombres de Dios y también divisiones en el Cuerpo de Cristo. Como esposa, la mujer debe establecer la autoridad en su hogar. Al someterse ella a la autoridad de su esposo, les va a enseñar a los hijos por medio de su ejemplo. Ella se coloca como centro de toda actividad en la ausencia de esta sumisión. Cuando ella atrae a los hijos a su alrededor, causará en su esposo tome una posición de pasividad. Puede que a un hombre débil le guste esto, especialmente si él ha sido levantado por una madre dominante. El aún mantendrá la posición de ella renunciando a sus derechos en el hogar. Su fuerte vínculo emocional con sus hijos va a continuar aún si ellos se casan causando problemas en los matrimonios de estos. Ella a menudo vive en un vacío de dolor, rechazo y amargura.

CARACTERISTICAS

¿Cuáles son las características de una persona que esté funcionando bajo el espíritu de Jezabel?

AMARGURA

La amargura es obviamente un problema. Por causa de las heridas, el abandono, el ser ignorada, esta mujer tiene lástima de sí misma para llamar la atención de lo que su espíritu implora.

Cuando la mujer le permite al esposo que la dirija y sea su autoridad, ella va a alcanzar descanso y orden y puede dedicarse a la tarea de ser un dador de vida. Adán llamó a Eva "...madre de todos los vivientes." (Génesis 3:20). Como mujer, ella se puede convertir en la tierra en la que la semilla de su esposo germine y produzca, y se va a sentir más realizada que con cualquier otro placer o éxito. El amor de su esposo y la multiplicación de vida a través de sus hijos le van a traer una realización eterna. Cuando damos vida, encontramos plenitud de vida.

A medida que ella comparte y da, multiplica lo que ella tiene. Este patrón no es solamente esencial para la salud mental sino que establece un orden espiritual por medio del cual Dios revela Su justicia.

Mi esposo, al través de los años en el ministerio de la consejería, ha encontrado la manifestación de este espíritu en una u otra forma, aún en mujeres cristianas. El poder es una experiencia "que se nos va a la cabeza", y en la ausencia de un sano concepto de nosotras mismas, es una gran tentación.

SEDUCCION

Una de sus manifestaciones es la seducción sexual. Muchas veces las niñas aprenden desde una temprana edad a conseguir lo que quieren jugando con sus cualidades femeninas. Un tiempo después se van a mover en la manipulación y favores sexuales. La manipulación funciona bien para ellas en el matrimonio, ya que mantienen a sus esposos controlados rehusándolos sexualmente. Puede que tengan una sexualidad obsesiva y también una vanidad extrema. (Vea II Reyes 9:30.) Los matrimonios múltiples son a menudo el resultado de este espíritu manipulativo.

HUELLAS DE LA MUJER DE DIOS

SOBERBIA

Cuando ella comienza a elevarse, entra la soberbia. La soberbia es totalmente opuesta al espíritu de las grandes mujeres de la Biblia quienes eran sacrificadas y les gustaba el anonimato. Aquí voy a presentar dos ejemplos.

María la madre de Jesús, cuando el ángel le dijo que sería la madre de nuestro Señor, ella respondió: "He aquí la sierva del Señor, hágase conmigo conforme a tu palabra..." (Lucas 1:38). En el versículo 46 del mismo capítulo María dice "...Engrandece mi alma al Señor..." Ella respondió con alabanza y humildad no en soberbia.

Si no has leído la historia de Ester últimamente, ¿por qué no lo haces? Es muy larga para que la comente aquí por completo pero sí voy a mencionar dos versículos en particular. Los encontramos en el capítulo 4. En el versículo 14 Mardoqueo dice de Ester "..¿Y quien sabe si para esta hora has llegado al reino?" Su respuesta fue la de pedirle a él que ayunara tres días y que ella y sus doncellas harían lo mismo. Después ella fue a hablar con el rey sin ser invitada y eso es lo que dice parte del versículo 16, "..y perezco, que perezca." El resultado final fue que Ester se convirtiera en la persona responsable para obtener la salvación de la nación judía en ese tiempo. (¡Qué tremendo contraste entre la Reina Ester y la Reina Jezabel).

Ester había aprendido en su hogar la obediencia, sumisión y dedicación, porque en el versículo 20 del segundo capítulo dice, "...Porque Ester hacía lo que decía Mardoqueo, como cuando él la educaba." Cuando los padres de Ester murieron, Mardoqueo, su primo la adoptó y la educó. Ella se había podido levantar llena de soberbia por haber sido escogida como reina en un gran reino que se extendía desde la India hasta Etiopía. En vez de eso ella se mantuvo sumisa y obediente al Señor, hasta el punto de estar dispuesta a morir si fuera la voluntad de Dios. Lee todo el Libro de Ester, ¡es estupendo!

REBELION

"Porque como pecado de adivinación es la rebelión, y como ídolos e idolatría es la obstinación..." (1 Samuel 15:23) El versículo 22 expresa la idea de escuchar la instrucción del Señor y obedecer Su voz son mejores que sacrificios a El.

El espíritu de rebelión es el espíritu de desenfrene. La rebelión es un pecado grave. Este separa a una mujer de la presencia de Dios y ella tiene que lidiar con él sin ninguna compasión, para que ella pueda entrar en la voluntad de Dios y saber Su voluntad para su vida. Yo estoy convencida que hay en nosotras más rebelión y obstinación de la que nos podamos imaginar o que queramos admitir. Si tú tienes estos sentimientos hacia Dios o hacia tu esposo, no te vayas a engañar pensando que oyes la voz de Dios.

Muchas mujeres cristianas que han tomado liderazgo espiritual, están llenas de rebeldía y terquedad. Con el objetivo de encontrar poder para lograr sus metas, se esconden detrás de una fachada súper espiritual, tratando de convencer a todo el mundo que ellas tienen una relación superior con Dios. Usan esta fachada para "salirse con la suya", para manipular a los que están a su alrededor y controlar las circunstancias y hasta la vida de las personas.

En esta condición es que entra la obstinación. Es el "haré mi voluntad" de la raza humana. Jezabel le dijo a Acab, "....yo te daré la viña ...." (1 Reyes 21:7). Ella está convencida que lo que quiera tener, ella tiene el derecho de tenerlo, y nadie puede obstaculizar su camino. Si hay oposición (como de parte de Nabot), va a ser seguida con muerte (como la muerte de Nabot). Ella va a sobrepasar cualquier oposición para realizar su "yo haré". Esta forma desenfrenada actúa para conseguir lo que se ve o se desea. En su vida no hay respeto a la autoridad. Ella vive como se le da la gana y rechaza el freno de Dios o de su esposo. La felicidad personal y su auto-realización son su razón para vivir. Este desenfreno rompe el orden del hogar, la iglesia y eventualmente la sociedad La justicia establece el orden en estas tres áreas.

Si tú en verdad quieres complacer a Dios, y aceptar la forma como El te frena, arrepiéntete por haber sido terca, ata el espíritu de Jezabel en tu vida y renuncia a operar bajo éste.

Debemos hacer notar, que la rebelión atranca el proceso de aprendizaje. De hecho, esta una de las razones básicas por las que algunas escuelas han tenido un bajón académico hoy en día.

CONTROL Y MANIPULACION

Tanto el control como la manipulación son características del espíritu de Jezabel. Prevalece por medio del control. Una mujer que subyuga a su esposo (y a veces a todos los que están a su alrededor), se establece en control. Ella es intensamente ambiciosa y quiere tener la preeminencia. Como ella no se puede someter a ninguna autoridad, ella establece esta preeminencia por medio de la manipulación. El control y el uso de la autoridad de ella hace que el hombre encuentre demasiado difícil para trabajar bajo ella y esto lo hace afeminado.

HUELLAS DE LA MUJER DE DIOS

Tanto en la iglesia como en el campo de los negocios, el espíritu de control va a ser la característica de su liderato. Ella no va a permitir que se levanten líderes bajo ella a menos que ella no esté en control, y ella no puede soltar la autoridad a otros. Ella exige un perfeccionismo que raramente se puede satisfacer y empuja a los que están bajo ella a que produzcan resultados y cumplan con sus deberes.

Esta persona es intolerante, impersonal y no le importan los derechos de otros en su afán por lograr sus propias metas.

Puede que ella use la adulación para manipular y claramente sabemos que ésta no significa verdadero aprecio.

En el campo espiritual, ella habla como la voz de Dios. "Dios me dijo" o "Dios dijo" son dos de sus expresiones favoritas. Esta afirmación es de mucho efecto con la mayoría de las personas. Como mi esposo dice "¿Qué más puedo decir? ¡Dios ha hablado!" Ella tuvo la última palabra.

La manipulación en el matrimonio es un rasgo clásico de la mujer. Recuerdo como reconocí esta tentación en mis primeros años de matrimonio y tuve que tomar la decisión de no pecar en esto. Si yo me veía triste o preocupada, mi esposo estaba listo para hacer lo que fuera necesario para hacerme sonreír de nuevo. Entonces yo pensé que me rebajaría a lo más bajo si explotara esta preocupación amorosa de mi esposo para complacerme. Pero, muchas mujeres explotan a los esposos en forma vergonzosa.

Como mujer de Dios, tienes que tomar la decisión de no manipular con el objeto de salirte con la tuya. Tampoco uses el sexo para revancha, control o manipulación.

Es una decisión que solo tú puedes tomar y mantener. No todas las mujeres son manipuladoras, pero hay suficientes como para que podamos decir que ésta es una desgraciada debilidad de la mujer.

VENGANZA (1 Reyes 18:17-19:3)
La venganza es manifestación de este espíritu. Jezabel venía de ancestro impío y había hecho promoción de la adoración a Baal en Israel. A menudo ella invitaba a 400 profetas de Baal a comer en su mesa.

Por el contrario Elías, siendo celoso por el Dios de Israel planeo una competencia entre Baal y Jehová Dios. El resultado final fue, que el pueblo de Israel vio el poder de Dios vencer la impotencia de Baal y declaró a Jehová Dios, como Dios de Israel. Elías también hizo capturar los profetas de Baal y ordenó se les diera muerte.

HUELLAS DE LA MUJER DE DIOS

Esta purga causó ira en Jezabel y mandó un mensaje a Elías diciéndole que lo vería muerto al día siguiente. Jezabel había mandado matar a muchos de los profetas del Dios Viviente, por consiguiente Elías no dudó que las amenazas de Jezabel fueran a realizarse. Elías era un hombre de valor, separado para el servicio de Dios, quien se enfrentó con los profetas de Baal y los retó, pero tuvo temor de la venganza de Jezabel y huyó.

Cuando las mujeres les da por actuar como Jezabel, los hombres reaccionen con temor e intimidación. La venganza es una arma peligrosa que no solamente termina con relaciones, y si es usada contra las personas virtuosas puede que el resultado sea la muerte del vengador causada por la ira de Dios.

FIERA INDEPENDENCIA

El día en que vivimos es caracterizado por una fiera independencia. Las mujeres abiertamente declaran sus derechos para ser y hacer, y niegan cualquier autoridad masculina sobre ellas. Ellas acusan al liderato masculino por todos los problemas del mundo y honestamente creen que el mundo sería un mejor lugar, si fuera controlado por la mujer.

Generalmente estas mujeres manifiestan odio hacia la autoridad masculina. Si el padre, esposo o aún los hermanos han

HUELLAS DE LA MUJER DE DIOS

abusado, herido o ignorado a sus mujeres, hay un gran riesgo para que sean atacadas por este espíritu.

La única forma para ser liberada de este espíritu de independencia, es el perdonar a todos los que te han herido y que te coloques bajo la autoridad de Dios.

LA REBELION INCITA A OTROS
La Escritura nos muestra que Jezabel incitó a otros a la rebelión y a hacer el mal. (1 Reyes 21:25).

Señoras, hay algo maligno en la comunidad femenina, un cáncer que está acabando con la semilla de justicia. He escuchado muchas conversaciones entre mujeres y veo que tienen una muy baja estima de los hombres en general. El sentimiento que tienen es "Si tú quieres que algo sea hecho, consíguete a una mujer para que lo haga." No escucho a nadie hablando acerca de las buenas características de los hombres. La semilla que debe ser justa son nuestros hijos. Pero, ¿cómo pueden serlo, si nosotras no servimos de modelos para ellos para que respeten a los hombres en el área de autoridad? La herencia para nuestros hijos será rebeldía, y el mal será nuestra recompensa.

DECEPCION
El espíritu de Jezabel es engañoso en apariencia y prevalece por medio de la

decepción. A menudo parece dulce, engañador, y sumiso en frente de los de afuera, pero estas características solamente sirven para cubrir heridas, ofensas, celos y competencia. Este espíritu se va a colocar en lugares de prominencia y tomando un disfraz religioso, trata de llamar la atención. Usa los dones del Espíritu para proyectar un control sobre las otras personas. El espíritu de adivinación puede presentarse como una mezcla espiritual trayendo decepción y orgullo espiritual. Una vez más, una persona con éste espíritu rechaza la autoridad. Una cosa muy triste es que mujeres cristianas dedicadas pueden operar a menudo en este espíritu sin saberlo.

IRREVERENCIA

Una de las marcas de este espíritu, es la irreverencia por la autoridad de Dios o del hombre de Dios.

Jezabel no tenía temor de Dios en su corazón y por consiguiente no tenía respeto por el profeta de Dios. Ella antagonizaba la integridad espiritual de la verdadera fe.

Como no está familiarizada con la autoridad de Dios en la iglesia, una mujer con este espíritu, afirma que ella escucha y obedece a Dios. Ese tipo de mujer es a veces culpable de tratar de destruir a un hombre de

Dios por medio de la intriga sexual, la calumnia y las falsas insinuaciones.

LA TRANSMISION DE RASGOS MALOS

Puedes estar segura que tú vas a pasar a tus hijos y tus hijas los rasgos que hayas abrazado ya que tú eres su ejemplo. Tus hijos van a ser lo que tú eres.

La hija de Acab y Jezabel fue Atalía (II Crónicas 21:6). Ella siguió el ejemplo de su madre y de su padre en ambición, manipulación, intriga, adoración a Baal y finalmente asesinato. Ella es llamada "la impía Atalía" (II Crónicas 24:7), lo mismo que su madre (1 Reyes 21:25; II Reyes 9:34).

Cuando él comenzó a reinar, Ocozías, hijo de Atalía, siguió los caminos de la casa de Acab pues su madre era quien lo aconsejaba a hacer lo malo. "Hizo pues lo malo ante los ojos de Jehová, como la casa de Acab; porque después de la muerte de su padre, ellos le aconsejaron para su perdición" (II Crónicas 22:4).

DESTRUCCION DEL SACERDOCIO EN LA FAMILIA

La destrucción del sacerdocio en la familia es parte del espíritu de Jezabel.

Cuando Jehú mató a Ocozías, cumpliendo así la profecía de Elías, Atalía mandó matar a toda la descendencia real de la casa de Judá. (II Crónicas 22:10). Josabet, hija del rey Joram y tía de Joás lo escondió. Atalía usurpó el trono de Israel.

Esta antigua feminista (842-837 A.C.) tenía tal hambre de poder que eso mismo la llevó a su propia muerte. Lee II Reyes capítulo 11.

¿Cuál es la respuesta para una mujer que se vea con las mismas características del espíritu de Jezabel?

RESPUESTAS

SELECCION
Primero, ella tiene que tomar la decisión de soltarse y devolver toda la autoridad a su esposo. Esta es una selección que solamente ella puede hacer. Yo no creo que un hombre pueda funcionar bajo la autoridad que Dios ha investido en él, a menos que la esposa lo anime a que lo haga. Si ella no lo hace, no podrá haber nunca una unidad en el matrimonio que le plazca a Dios.

ARREPENTIMIENTO
Segundo, ella puede pedir perdón a Dios, a su esposo y quizás a la iglesia. Ella debe reconocer que el tener éste espíritu es pecado aunque ella no hubiera comprendido antes lo que estaba haciendo. Tal espíritu es

como la levadura en la masa y esta levadura puede infiltrar a cualquiera que toque. Ella tiene que lidiar con éste y echarlo fuera de su vida. No puede haber compromiso, ni lástima, ni misericordia con éste espíritu demoníaco. Pero aún así tenemos que lidiar con la persona movidos por amor y compasión. Debemos darle oportunidad para que se arrepienta. Dios es un Dios de amor y El entiende que hace funcionar a Sus hijos. Si hay arrepentimiento en nosotros, El nos perdona.

ORACION
Tercero, ella necesita pedirle a Dios sabiduría y fortaleza para cambiar y para vencer ese espíritu malo. Las mujeres cristianas verdaderas no desean ser como Jezabeles.

Si este espíritu ha sido un problema de toda una vida, puede que no sea tan fácil dar la vuelta y dejarlo. Parte de la victoria, es que lo reconozcamos. La otra parte, es tener el deseo de cambiar. Dios puede darte el deseo, la sabiduría y la fortaleza para luchar hasta que se termine la batalla.

Hay un aspecto negativo en éste asunto. Hablando en sentido figurado, Dios va a poner a alguien que te tumbe y te patee si tu eres soberbia (en tu corazón) y te niegas a reconocer tu culpa y a cambiar.

HUELLAS DE LA MUJER DE DIOS

Yo sentí que debía hacer esta narración de Jezabel. Aunque Jezabel mató a cuanto profeta de Dios que ella pudo encontrar, y aunque ella era reina, solamente tomó a dos o tres eunucos para que echaran su cuerpo desde al balcón y fuera comida por los perros. Cuando El ya no aguantó más la maldad de Jezabel, Dios simplemente mandó a Jehú a que ordenara que dos hombres afeminados, emasculados y castrados, que estaban a la mano, la echaran por la ventana. Cuando Dios se mueve, todo el poder, todo el control, la manipulación y la rebelión que una pueda mostrar, no van a salvar la situación ni quizás nuestra propia vida.

Sufro por las mujeres que han recibido mal ejemplo. Muchas de ellas han sido levantadas por madres voluntariosas, desdichadas y desilusionadas que quizás no se daban cuenta de la herencia que pasaban a sus hijas. Otras han aprendido a despreciar a todos los hombres por tener padres abusivos o de carácter débil.

La mujer sabia y virtuosa se va a examinar para ver si ella ha caído en esta trampa de Satanás, y si lo ha hecho, va a tomar los pasos necesarios para safarse de la manipulación del demonio en su vida.

HUELLAS DE LA MUJER DE DIOS

También hay el caso de la mujer que está casada con un hombre que no parece tener la habilidad o fuerza para usar la autoridad que Dios le ha dado aún si se le anima a que lo haga. Puede que su renuencia sea debida a timidez, pereza o porque hubiera faltado un modelo de padre en su vida. Mi consejo es que ella ore, ore y ore y crea que Dios le va a dar un milagro. Puede que Dios te sorprenda y te dé los deseos de tu corazón cuando tus oraciones están en línea con las de El. Entonces respalda a tu esposo, y usa toda la creatividad para animarlo a que tome su lugar de autoridad. **¡PON TU VIDA E INVIERTELA EN TU ESPOSO!** Si lo haces, vas a recibir gran galardón. Nosotras fuimos tomadas del costado del hombre para ser retornadas a él y ser unidas espiritualmente. Recuerda, mientras la esposa insista en ejercitar la autoridad sobre él, el esposo no va a poder entrar a ser el líder.

CONCLUSION

Sí, Dios creó tanto al hombre como a la mujer a Su imagen. (Génesis 5:1,2). Aunque Dios la tomó del costado del hombre, ella no fue menos que el hombre. Dios la sacó del hombre, y en el matrimonio El la devuelve al hombre y los une espiritualmente. El hecho de que ella esté sujeta al hombre no la hace menos que él. Es simplemente el papel que él juega, el orden y quizás la protección. El papel de la mujer como sierva no la hace menos que el hombre; es más bien para brindar o establecer orden y unidad. No te vayas a ofender con las palabras **DEL PAPEL DE SIERVA**, por favor, recuerda lo que dijo Jesús, "El que quiera ser el primero entre vosotros, será vuestro siervo." (Mateo 20:27). No es una desgracia estar haciendo el papel de sierva porque Jesús mismo nos dio el ejemplo. Lo que crea el problema es nuestro concepto erróneo del servicio. Hay gran diferencia entre ser esclavo y ser siervo.

Aunque tanto la mujer como el hombre tienen la redención en forma igual, la redención de la mujer no la libera de la estructura de la sumisión. después que Satanás la engañó, Dios puso a la mujer bajo la autoridad del hombre (I Corintios 11:3; Génesis 3:16). Tanto en la familia como en la iglesia el hombre es quien tiene el papel de gobernante.

Tanto en la iglesia como en el hogar, el hombre debe ser quien gobierna. La estructura de la iglesia no debe contradecir la del hogar. (1 Timoteo 2:11-15; 1 Corintios 11:1-16, 14:33-35).

La cuestión no es que el hombre tenga que estar por encima de la mujer.

El problema no es mujeres débiles en contra de mujeres fuertes. El problema es justicia. El fruto de justicia es amor, paz y gozo.

La justicia es establecida por el orden. Entre más pronto veamos esta verdad, más pronto vamos a rescatar a nuestros hogares e iglesias de la destrucción que Satanás causa a través del espíritu de Jezabel.

La lucha contra la autoridad debe cesar en la casa de los hijos de Dios. Debemos tumbar a Jezabel y consumirla hasta que no quede traza de ella. Si permitimos a la autoridad divina estar en su lugar apropiado, vamos a poder establecer la justicia en nuestros hogares.
Cuando el espíritu de Jezabel está reinante, hay abundancia de un feminismo exaltado, voces bruscas rechazando la autoridad espiritual, corrupción y hechicería. Muchas mujeres cristianas han caído en la trampa de Satanás llamando a esas ataduras "libertad".

Debemos tomar pasos para alcanzar la verdadera libertad que viene cuando se confiesa, se renuncia y se rehúsa a continuar en ese pecado y decepción. Nosotras debemos declarar tanto la autoridad de Dios como la de nuestros esposos. Nosotras podremos salvar nuestros hogares y nuestros hijos, por medio de la oración y la liberación. Malaquías 4:5-6, puede comenzar a traer la salvación para nuestros hogares y nuestras naciones. Veamos qué dice:

"He aquí, yo os envío el profeta Elías, antes que venga el día de Jehová, grande y terrible. El hará volver el corazón de los padres hacia los hijos, y el corazón de los hijos hacia los padres, no sea que yo venga y hiera la tierra con maldición."

Dios va a traer de nuevo justicia a nuestros hogares y nuestras naciones, cuando se haya restaurado la autoridad del padre.

CAPITULO CINCO

SOLO PARA VARONES

Aquí van unas pocas palabras para cualquier varón que tome éste libro para leerlo.

Debido a la debilidad de Acab, Jezabel reinó cuando él era rey. Ella tomó la ley en sus manos e hizo lo que se le dio la gana. Al estudiar la Escritura, no puedo observar que él quisiera controlarla o cambiarla. Parece que él estaba contento con dejar a Jezabel planear y manipular para obtener lo que su esposo quisiera. El era el rey, la cabeza de la nación, pero no era la cabeza de la esposa. Hoy en día, muchos hombres se encuentran en la misma posición.

Yo de verdad creo, que el deseo profundo del corazón de la mayoría de las mujeres cristianas es el de tener hombres fuertes y virtuosos que dirijan sus hogares. Mucha de la ira, manipulación y el control puede que sean el producto de la frustración que ellas sienten cuando no ven esas cualidades en sus esposos. Muchas mujeres me expresan su desengaño, frustración y desesperación al compartirme que sus esposos no hayan tomado la autoridad espiritual en sus hogares. Esto las ha empujado a tomar la autoridad ya que no quieren que sus hijos se críen sin ninguna autoridad.

Se ésta es tu situación ¡levántate! ¡Sacúdete y cree en Dios para que El te fortalezca! No esperes resultados positivos inmediatos. Puede que tu esposa se amargue o que ofrezca alguna resistencia cuando vea que las cosas están dando la vuelta. Puede que su corazón se haya alejado de ti.

Ella ha aprendido a no esperar que Dios supla sus necesidades espirituales y las de la familia a través de ti. Puede que ella ponga resistencia a cualquier mover que tú tomes y esto va a hacer más difícil que tú seas ese hombre que ella quiere que seas. Con sus acciones ella está diciendo: "Muéstrate a mí aprobado, porque yo tengo suficientes razones para no confiar en ti. ¡Sé un hombre virtuoso!"

No vayas a forzar el asunto, pero comienza suave y firmemente a ser fuerte, y demostrar que eres digno de confianza para ejercitar tu autoridad espiritual, y virtuoso en las decisiones de tu vida. Busca a Dios, deja que El pelee la batalla y descansa en la dirección del Señor. Sé un espíritu dador de vida, lo que va a requerir sacrificio de tu parte y el renunciar a algunos de tus derechos.

HUELLAS DE LA MUJER DE DIOS

Dios le dio al hombre dominio sobre los animales, pero autoridad sobre la mujer. Tienes que aprender la diferencia.

La posición de la mujer es la de sumisión la que es una actitud hacia la autoridad. Ella tiene que estar dispuesta a ser sumisa. El dominio que Dios le dio al hombre sobre los animales fue para ser usado para ganancia y placer. La sujeción debida a palabras bruscas y acciones fuertes los trae bajo control. Dios nunca intentó que el hombre usara fuerza para hacer que la mujer se sujetara a él. Cuando un hombre asume el liderazgo y la responsabilidad, los resultados van a ser, orden y unidad, y la sumisión a esa autoridad va a proteger el espíritu de la mujer.

La sumisión es la clave para la autoridad espiritual. Una mujer que no esté sujeta a su esposo, no puede funcionar en verdadera autoridad espiritual.

Si el hombre no está en sumisión a la autoridad de Jesucristo sobre él, no puede operar en verdadera autoridad espiritual.

Otra área que debo mencionar aquí es la lascivia. Esta puede ponerte en sujeción a tu esposa. El matrimonio no es la licencia para la lascivia. Puede que tú grites y patalees y digas que ésta es natural en el hombre, (pero la seducción de Jezabel fue por ella). La lascivia te robará de la verdadera espiritualidad y de el poder como hombre, y de un corazón de padre.

Toda la sodomía comienza con la lujuria. La lujuria es una perversión, no es el afecto natural. No te va a permitir ser fuerte, sino que va a quebrantar tu espíritu y a chupar la vida de ti.

El espíritu escondido tras la pornografía y la lascivia es por naturaleza adictivo y progresivo. Puede tomar control de tu vida y los poderes demoníacos te van a atar. Entre más cedas a él, tus poderes de resistencia se van a hacer más débiles. El control que este espíritu puede ejercer en la vida de un hombre es algo increíble. Grandes hombres de Dios han perdido todo por no haber lidiado duramente con este pecado, hasta el punto de haberse convertido en una adicción incontrolable que no pudieron esconder.

Recuerda esto, el adulterio comienza en el corazón y en la mente. Huye del adulterio como si huyeras de la misma muerte.

HUELLAS DE LA MUJER DE DIOS

CAPITULO SEIS

LA RELACION FUNDAMENTAL

Las citas en este capítulo son tomadas del libro llamado **OSWALD CHAMBERS, SU VIDA Y SU OBRA,** escrito por Bertha Chambers y publicado por la Asociación de Publicaciones Oswald Chambers, Marshall, Morgan & Scott, 1959. (Distribuidores, Cruzada de Literatura Cristiana).

Cada uno de nosotros desea profundamente aceptación, amor, afirmación y un hondo nivel de comunicación con alguien especial. Si no tenemos estas cosas, vamos a tratar de agarrar y pelear para ganar lo que necesitamos. A menudo vamos a tratar de demandar lo imposible de parte de nuestros esposos (esposas) hijos o amigos.

Es imposible que un hombre pueda llenar lo que necesitamos. Oswald Chambers digo:"Llénate
del amor de Dios y no vas a demandar lo imposible de tus amores en la tierra, y el amor de la esposa y de los hijos, del esposo y de los amigos va a ser más santo, más aceptable, más simple y más grande."

Puede que tú digas: "Mi relación con Dios no es muy buena." En verdad la vida se hace más complicada y menos realizada si no tienes una relación vital con Dios. Ahora, ¿cómo podemos demostrar esta área en nuestra vida?

SACRIFICIO

Para acercarnos a Dios tenemos que ofrecer sacrificio. ¿Creíste que el tiempo de los sacrificios se había acabado? No, todavía no se ha acabado. El sacrificio que nosotras tenemos que ofrecer es el de la muerte de nuestro yo.

Esto es, la crucifixión de nuestra carne. Mientras nosotras ocupemos el trono de nuestro corazón y de nuestra vida, no podremos edificar una relación con Dios.

Nadie puede gozar de una buena relación con otra persona, si ésta solamente piensa y habla de sí misma. Muchas personas, quizás a causa del humanismo, se centran en sí mismas, buscando lo que ellas quieren, o preocupadas con sus propios intereses. La fuerza que mueve las vidas de muchas personas y que presenta lo que piensan de la vida lo vemos retratado en las siguientes frases, "Yo quiero", "Yo debo ser feliz" y "Yo debo realizarme" Dios nos dice que le entreguemos todo. "Cédeme todo - tu vida, tu esposo, tus hijos, tus amigos, tu felicidad, tus ambiciones y tus sueños. Coloca todo en el altar y deja que se queme."

HUELLAS DE LA MUJER DE DIOS

En los Diez Mandamientos Dios dice, "No tendrás dioses ajenos delante de mí" (Éxodo 20:3). Muchas mujeres no reconocen el hecho que pueden hacer dioses de sus hijos, de sus esposos, de sus posesiones, de su trabajo y también de sí mismas. Muchas se convierten en esclavas de sus propios deseos, de sus apetitos, de sus pasiones y de sus amores.

CONFIANZA

Para acercarnos a Dios debemos hacerlo con confianza. "Amados, si nuestro corazón no nos reprende, confianza tenemos en Dios" (1 Juan 3:21).

Nosotros no debemos temer o sentir ninguna condenación, para poder formar una relación con Dios.

¿De dónde viene este sentido de condenación? Viene, primero que todo porque nosotros heredamos nuestra naturaleza pecaminosa de Adán. Al recibir el plan que Dios tiene para perdonarnos por medio de Jesucristo, nosotros solucionamos esa situación. No va a haber forma de tener una buena relación con Dios, si falta éste paso inicial.

¿Cuando te pones delante de Dios, se levanta tu pasado para condenarte?

HUELLAS DE LA MUJER DE DIOS

Nosotros tenemos que darnos cuenta que no existen caminos para regresar al pasado. A veces nuestra pasado es irreparable. Tenemos que perdonar nuestro pasado y colocarlo a los pies de Jesús. Entonces, en el perdón que encontramos en Jesús, podemos encontrar el reto para un maravilloso futuro.

Muchos de nosotros no llegamos a ninguna parte en nuestra relación con Dios, porque nuestros corazones siempre nos están condenando diciéndonos que no estamos haciendo lo que debemos. Como resultado, sentimos condenación y creemos que Dios no nos va a escuchar o por lo menos, que El no nos va a contestar nuestras peticiones.

¿Qué nos dice Dios acerca de las cosas que debemos estar haciendo?

SEPARACION
Separémonos de cualquier cosa que sea un obstáculo en nuestra relación con Dios. Quizás nos gustan mucho las diversiones, o estemos muy ocupados con pensamientos referentes al sexo o a nuestros hogares o empleos. Tienes que trazar una línea que muestre, "Voy a hacer esto; o no voy a hacer esto." La mezcla en tu vida va a drenar tus deseos espirituales para Dios y te va a dejar con un sentido de ansiedad y condenación.

HUELLAS DE LA MUJER DE DIOS

TESTIMONIO

Por lo menos deja que tu vida hable de ti, si eres demasiado tímida para testificar con denuedo. Es fácil decir, "¡Gloria a Dios!" o "¡Qué bueno es el Señor!" A menos que nosotras expresemos nuestra fe en nuestra vida diaria, vamos a sentir condenación y vacío.

ESTUDIOS BIBLICOS

La lectura diaria de la Biblia nos libera de sentimientos de culpabilidad y nos ayuda a crecer en el Señor.

ORACION

Despierta con una oración en tu corazón y adora al Señor. Podemos aprender a buscar a Dios temprano en la mañana. Si esperas hasta la noche para buscar a Dios, vas a sentirte como que hubo algo que no terminaste en todo el día. Practica la presencia de Dios a medida que corren las horas del día. Háblale, verás que se va a convertir en tu mejor Amigo y en tu relación más importante.

OBEDIENCIA

Tenemos que aprender a obedecer para poder tener una relación estrecha con Dios. Si somos obedientes, Dios nos va a mantener cerca de Su corazón y va a honrar nuestra obediencia.

Si no nos mantenemos cerca a Dios y no confiamos en El, no vamos a poder ser obedientes.

Para poder escuchar lo que El nos está diciendo, tenemos que estar en íntimo contacto con El.

Uno de los más grandes principios de nuestro caminar cristiano es que "....debemos hacernos como niños..." (Mateo 18:3). totalmente dependientes de El y siempre listos a complacerlo y obedecerle.

CONFIANZA TOTAL

Un niñito se lanza desde una altura a los brazos de su padre, sin ningún temor. Nosotros debemos hacer lo mismo, confiando en un Padre amoroso y fiel.

Voy a citar de nuevo a Oswald Chambers cuando él dijo, "¡Nosotros debemos confiar en el carácter de Dios, en la mitad de sus caminos inescrutables!" "¡Voy a actuar y a obedecer como si El estuviera visiblemente presente!" ¡Este es un tremendo pensamiento! "Los actos de obediencia van siempre a ser seguidos con un sentido de la realidad de Su presencia que nos sobrecoge."

COMUNICACION

Nosotros debemos comunicarnos con El, para poder edificar esta relación fundamental.

"Si El está allá, como la Biblia lo dice, entonces yo debo hablar con El y hacerle preguntas y actuar en todo momento como si lo estuviera viendo." (Oswald Chambers).

¿Te sientes como que nunca oyes Su voz?

En el momento que rindamos todas nuestras facultades al Señor, podremos escuchar Su voz.

Y el resultado que obtendremos será la relación que deseamos con El, nuestro maravilloso Amigo, el estupendo Dios del universo.

"Entonces tus oídos oirán a tus espaldas palabras que diga: Este es el camino, andad por él; y no echéis a la mano derecha, ni tampoco torzáis a la mano izquierda." (Isaías 30:21).

GOZO EN EL SERVICIO

Para formar esta relación fundamental debemos servir al Señor llenos de gozo.

Aquí debo citar en parte Deuteronomio 28:47, "Por cuanto no serviste a Jehová tu Dios con alegría y con gozo," vamos a terminar siendo siervos de nuestro enemigo el diablo. Una amistad renuente no es una buena amistad. Dios desea que en nuestra amistad con El nosotros estemos alegres y obedientes.

"Para ver a Dios - Para encontrar la realidad de Dios - debe ser la felicidad por excelencia." (Oswald Chambers).

Sirvamos a Dios con gozo para que nuestra felicidad sea completa y que nuestra relación con Dios sea la experiencia fundamental de nuestra vida.

CAPITULO SIETE

COMO AYUDAR A MI ESPOSO A QUE SEA TRANSFORMADO EN UN HOMBRE DE DIOS

Como el matrimonio es tanto una relación espiritual como física, nosotras podemos traer a éste muchos problemas relacionados con nuestro espíritu. En la superficie todo parece muy bueno. Nosotras esperamos que el matrimonio sea bello, pero pronto comenzamos a encontrar problemas.

ESPIRITU DE EXPECTATIVA

Entramos en el matrimonio con grandes esperanzas y altas expectativas.

¿Sinceramente tú creíste que tú eras el regalo más precioso y más perfecto que Dios pudiera dar a tu esposo? ¿Tus motivos al casarte con él eran tu inmenso amor por él y tu deseo de que él tuviera lo mejor?

No, tú no pensaste mucho en qué era lo que él iba a recibir al casarse contigo. En este punto tendemos a centrarnos mucho en nosotras mismas. Muy pocas parejas maduras buscaron la voluntad de Dios para sus matrimonios y creyeron que la habían encontrado, y algunas de verdad la encontraron.

Nosotras salimos de nuestros hogares centradas en nosotras mismas. Todas nuestras necesidades eran suplidas y teníamos quien cuidara de nosotras. Salimos (en la mayoría de los casos) de éste lugar seguro para entrar en una relación en la que nosotras debemos sumergirnos y poner a nuestros cónyuges en primer lugar.

Esta actitud requiere madurez y la madurez toma tiempo para ser alcanzada (a menudo toma años) y desgraciadamente a veces esa madurez nunca se alcanza.

Creo que estaríamos en lo correcto, si decimos que la raíz número uno que causa problemas en el matrimonio, es el egoísmo. Cuando nosotras nos casamos tenemos que reprogramar nuestra actitud de requerir a nuestro cónyuge a que vea la vida como nosotras la vemos, a una actitud de expectativa confiando en que el Espíritu Santo nos transforme en las personas que Dios ha planeado o sea con una nueva identidad. Es de primordial importancia que nosotros permitamos que nuestro cónyuge sea la persona que él es. Muchas mujeres han destruido toda esperanza de futura felicidad, ya que se han propuesto a cambiar inmediatamente el hombre con quien ellas se casaron. Para que ese varón sea un verdadero hombre de Dios, El tiene que capturar su corazón. Tú no puedes manipularlo para que él sea la persona que tú deseas.

HUELLAS DE LA MUJER DE DIOS

Muchos libros han sido escritos enseñando la forma como tú puedes (manipular) cambiar a tu esposo para hacerlo la persona que tú quieres. 1 Juan 1:7 dice, "Pero si andamos en la luz, como él está en la luz, tenemos comunión unos con otros, y la sangre de Jesucristo su Hijo nos limpia de todo pecado." Para mí este versículo nos está diciendo que debemos caminar juntos en la verdad, transparencia y franqueza. Si hacemos esto, no habrá necesidad de manipulación, y Dios estará en libertad para obrar milagros en nuestras vidas.

ESPIRITU DE SUMISION

Dios no creó a los seres humanos para ser espíritus independientes.

El nos creó con la necesidad para intimidad y compañerismo. El matrimonio debe llevarnos a una posición en que estas dos necesidades sean suplidas.

En el matrimonio Dios quiere que entremos en la unidad del espíritu. La unidad solamente puede alcanzarse cuando ambos cónyuges tengan el deseo de servir y de suplir sus mutuas necesidades. En Lucas 22:27 Jesús dijo, "...Mas yo estoy entre vosotros como el que sirve." El nos ha hecho la pregunta "¿Cuál es mayor, el que se sienta a la mesa, o el que sirve?...."Ciertamente, si Jesús pudo tener esta actitud a medida que El ministraba día tras día a

las multitudes, El no nos está pidiendo
demasiado para que demostremos esa
actitud de siervos en el matrimonio.
Las mujeres modernas han refutado el
papel de siervas, y por consiguiente
tenemos demasiado pocos hombres que en
verdad deseen ser transformados en
hombres de Dios y en autoridad.

Yo creo que nuestro papel como mujeres
de Dios es ayudar a nuestros esposos a
que sean transformados en los varones
que Dios quiere que ellos sean. Como la
sumisión es un acto de voluntad,
nosotras debemos renunciar a tener el
control. Ningún hombre puede ser un
verdadero hombre (y sacerdote de su
hogar) a menos que la mujer le haya
entregado ese derecho. Nosotras como
esposas debemos animar a nuestros
esposos que ellos tomen su posición.
Esta es la cosa honesta que debemos
hacer y la que proveerá las necesidades
más profundas de nuestras propias
vidas.

La soberbia ha engañado a muchas
mujeres, haciéndolas creer que son más
inteligentes y listas y mejor
capacitadas para dirigir el hogar que
sus esposos.

En verdad lo que ellas piensan puede
que parezca ser verdadero. Una actitud
crítica en nuestro corazón puede
afirmarse y convertirse en un patrón en
el que la mente continuamente está

acusando a nuestro propio esposo. Si tú estás criticando y despreciando a tu esposo en tu corazón, puede que sea la misma razón por la que las cosas no estén cambiando. Mientras tú tercamente estés sirviendo de obstáculo, Dios no puede moverse a favor tuyo. Si tú decides hacerte a un lado, entonces Dios va a poder moverse y obrar en el corazón de tu esposo. El puede llamarle la atención a tu esposo en una forma que tú no puedes hacerlo. Me parece que fue James Dobson el que dijo, "Si la mujer agacha su cabeza, Dios puede darle con un ladrillo al esposo en la cabeza."

Jesús dijo, "No juzguéis, para que no seáis juzgados." (Mateo 7:1). Una vez que tú lidies con tu propio pecado de juicio hacia tu esposo, entonces perdónalo por todas sus fallas pasadas y heridas que él te haya causado. Entonces, aléjate de todo eso y no las vayas a poner de nuevo en tus hombros.

ESPIRITU AGRADECIDO

Muchos hombres sufren porque sus esposas tienen espíritus desagradecidos. Un espíritu desagradecido es desmoralizante. Tú puedes suscitar un espíritu agradecido, amable, entusiasta, y alegre, y hacer que tu hogar sea un lugar agradable para tu esposo y tus hijos.

HUELLAS DE LA MUJER DE DIOS

Yo siempre pensaba que cada persona nace con determinada personalidad, introvertida o extrovertida, y que no se podía hacer nada para cambiarnos. De repente me dí cuenta que nosotras podemos escoger lo que queramos ser y trabajar para alcanzar esa meta.

Tú puedes cambiar completamente la atmósfera de tu hogar, cultivando el gozo y el entusiasmo. Puede que todavía seas introvertida, pero el mundo no tiene que saberlo. "El corazón alegre constituye buen remedio..." (Proverbios 17:22). Así que el corazón alegre trae sanidad. La sanidad y fortaleza pueden desatarse en tu esposo si tú tienes un corazón alegre y agradecido.
Arrepiéntete si eres una mujer egoísta y desagradecida. Aprende a apreciar y agradecer las cosas buenas que Dios te ha dado, y deja de quejarte y hacer sentir a todo el mundo miserable por las necesidades que tú percibes. Incita el gozo y el entusiasmo dentro de ti (¡¡invéntalos al principio, si es necesario!!) porque el espíritu que tu muestres en tu hogar es muy importante.

ESPIRITU DADIVOSO

Hay tres ingredientes que son primordiales en un buen matrimonio: buena comunicación, buen sexo y una buena vida de oración. La condenación y la falta de esfuerzo pueden ser obstáculos en todos los tres.

HUELLAS DE LA MUJER DE DIOS

Dios nos hizo a Su imagen, y El es un Dios de comunicación. Nuestra habilidad para comunicarnos en estas tres áreas crece con la confianza, y nuestra habilidad para escuchar lo que la otra persona está comunicando, crece en proporción directa a nuestra santificación (el resultado de la santidad de Dios en nuestras vidas).

A ustedes las que están luchando en estas áreas, las quiero animar: al apóstol Pablo le tomó catorce años para estar listo, antes de que pudiera ser apóstol del Señor.

A menudo toma años de crecimiento diario, para que los esposos puedan ser reales en estas áreas. No te desanimes pues toma tiempo para llegar a esa posición. Si tú llevas muchos años de casada y te sientes corta en estas áreas, no te desanimes. Todavía hay esperanza.

Lo que pasa a menudo es que nosotras tratamos de usar a nuestro cónyuge para que supla las necesidades de nuestra vida y en vez de que nosotras demos, lo usamos y le demandamos nos complazca. Estoy segura que has oído a menudo la siguiente expresión "El no suple mis necesidades."

¿Cómo puedes cambiar tu actitud para que tú des, en vez de preocuparte por lo que vas a recibir? Un punto básico en la consejería cristiana es que si una persona no tiene una relación viva con Jesús de modo que El sea quien supla a satisfacción todas sus necesidades, ella va a demandar que el cónyuge haga lo que Dios solamente puede hacer. Por ejemplo él va a decir a la esposa, "Llena el vacío que hay en mi vida, confórtame, ámame." Ese vacío que está en la mitad de nuestras almas, solamente puede ser llenado por el Espíritu Santo. Si nosotras no nos sentimos balanceadas y completas en Jesús, no vamos a poder lograrlo tampoco en la relación con nuestro esposo.

Irónicamente lo que nosotras tratamos de obtener a toda costa de nuestros esposos, va a ser lo más difícil y lo último que ellos nos van a poder dar.

Por otra parte Mateo 6:33 dice, "Mas buscad primeramente el reino de Dios y su justicia, y todas estas cosas os serán añadidas." Dios vas a suplir lo que nosotros necesitamos de nuestros cónyuges.

ESPIRITU DE APOYO

El hogar es el primer llamado de la mujer.

La familia es su más importante ministerio.

HUELLAS DE LA MUJER DE DIOS

El esposo es su principal
responsabilidad.

La primera institución que Dios
estableció es el hogar. La familia y el
hogar son tan importantes, que son la
base de una sociedad próspera. Pero aún
así, muchas mujeres sueñan con un
ministerio o una carrera, pensando que
estos van a llenar el vacío de sus
vidas y llenarlas de felicidad. Mucha
gente cree que la meta de Dios para
nuestras vidas es la de darnos
felicidad. Muchas mujeres creen que el
plan de Dios es de hacerlas felices.
Dios no nos llamó a que nos sintiéramos
realizadas, El nos llamó a negarnos a
nosotras mismas y a seguir a Jesús.
"...Si alguno quiere venir en pos de
mí, niéguese a sí mismo, y tome su
cruz, y sígame." (Mateo 16:24). Si
nuestra meta es la de buscar nuestra
realización, nos vamos a encontrar
preocupadas por nosotras mismas.

El hogar, la figura del padre y la
familia son los cimientos de lo que
emerge la próxima generación. Jesús les
dijo a Sus discípulos que no se
regocijaran porque echaban fuera
demonios, sino porque sus nombres
estaban escritos en el Libro de la
Vida. (Lucas 10:20). Mejor que nosotras
estemos más preocupadas porque los
nombres de nuestros hijos estén
escritos en el Libro de la Vida, que
porque tengamos un ministerio o una
carrera.

HUELLAS DE LA MUJER DE DIOS

A veces nosotras destruimos parcial (o totalmente) lo que Dios quiere hacer en nuestros hogares, porque carezcamos de un espíritu de apoyo. Podemos demandar la realización de nuestras ambiciones, sin importar lo que les cueste a otros.

Nosotros reproducimos lo que aprendimos como resultado de vivir con nuestros propios padres. Un niño no se convierte en quien tú le dices que sea, el básicamente se convierte en la persona que tú eres. (A veces la rebelión altera este hecho por un tiempo.) Muchos jóvenes de hoy en día no tienen la menor idea de como ser un padre o una madre, porque ellos no tuvieron modelo de padre o de madre, o porque sus modelos fueron distorsionados.

El padre de tus hijos no puede ser la persona que tus hijos necesitan, si no tiene la garantía de tu espíritu de apoyo. Si estás en el camino obstaculizando lo que Dios tiene para hacer de tu esposo un hombre de Dios, mejor que te eches a un lado. Aquí estás arriesgando muchas más cosas que tu orgullo o el salirte con la tuya, y Dios no va a obrar si tu estás en el medio.
Nosotras tenemos la obligación de cimentar la lealtad hacia sus padres, dentro de los corazones de nuestros hijos. Nosotras fortalecemos a nuestros hijos si apoyamos a los padres. Los

hijos, especialmente las hijas ganan su propio valor de la relación con el padre.

Algunas veces las mujeres se sienten tan desgraciadas y critican tanto a sus esposos, que dañan la relación que estos tengan con los hijos. Algunas veces una mujer con ansia de vengarse, deliberadamente trata de destruir la confianza de los hijos en el papá, haciendo hincapié en sus debilidades. Yo estoy segura que esta hambre de vengarse cause la ira de Dios. Nosotras debemos cubrir las debilidades de nuestro esposo, dándole la oportunidad de que en él se realicen nuestras altas esperanzas. (A propósito, debemos hacer lo mismo por el Cuerpo de Cristo). Ciertamente Cristo cubre nuestras debilidades. El nunca nos delata aunque El sabe lo peor de nosotras.

UN ESPIRITU AFABLE Y APACIBLE

Me gusta llamar a este espíritu "dignidad sosegada." 1 Pedro 3:1-4 nos da la vislumbre de une esposa virtuosa.

"Asimismo vosotras, mujeres, estad sujetas a vuestros maridos; para que también los que no creen a la palabra, sean ganados sin palabra por la conducta de sus esposas, considerando vuestra conducta casta y respetuosa. Vuestro atavío no sea el externo de peinados ostentosos, de adornos de oro o de vestidos lujosos, sino el interno,

el del corazón, en el incorruptible
ornato de un espíritu afable y
apacible, que es de grande estima
delante de Dios."

¡Qué bellos versículos para las
mujeres! "Sin embargo", tú dices "yo no
nací con esas cualidades." Si tú eres
una mujer impertinente y que le gusta
gloriarse, Te ruego que te postres a
los pies de Jesús y le pidas que ponga
ese espíritu dentro de ti. Te prometo
que va a ser un espíritu de gozo y de
mansedumbre y humildad.

Debemos ser fuertes en nuestro corazón
pero mansas y apacibles en nuestro
espíritu. Esta actitud es de gran valor
a los ojos de Dios.

Mansedumbre significa, "ser humilde y
amable, sometiéndonos mansamente cuando
otros nos dan órdenes o nos hieren."

El diccionario de Webster nos indica
que la mansedumbre es tanto un rasgo de
nuestro carácter, como una actitud
hacia nuestros semejantes. Una mujer
que tiene la mansedumbre como rasgo de
su carácter, será dócil y sumisa. Con
la mansedumbre como una actitud hacia
otros, ella será cortés, amable,
misericordiosa, compasiva y amorosa.

Dios dice que estas cualidades son de
gran valor a Sus ojos. Estas son
primordiales para ser una gran mujer de

HUELLAS DE LA MUJER DE DIOS

Dios. Nosotras tenemos la naturaleza del cordero y del león o sea que somos mansas pero fuertes.

Tengo fe en nuestra fortaleza como mujeres. Creo que Dios nos hizo para ser fuertes. Yo creo que con esas cualidades, nosotras podremos formar matrimonios sólidos e hijos fuertes.

Referente a tu esposo, tú puedes ser el factor decisivo para que él sea un hombre fuerte o no. Muchos hombres tienen una imagen pobre de sí mismos, pero tú puedes hacer la tuya fuerte por medio de la oración y del espíritu bajo el que funciones cada día. Espera que Dios obre, El lo hará cuando nuestro espíritu está en línea con Su voluntad. Espera milagros, porque un espíritu recto es de mucha estima al corazón de Dios. Usa tus puntos fuertes para engrandecer a otra persona.

CAPITULO OCHO

COMUNICACION

La comunicación es un asunto complicado.

Uno no puede NO comunicar. Nosotros nos comunicamos verbalmente, por medio de la expresión de nuestros pensamientos y sentimientos. También nos comunicamos en forma no verbal por medio de nuestra apariencia, expresión facial (especialmente los ojos), movimientos del cuerpo, de las manos, y aún moviendo la cabeza.

Uno de nuestros hijos era tan bueno para leer la comunicación no verbal que nosotros no nos atrevíamos ni a levantar una ceja porque el podía ofenderse.

Las herramientas esenciales con las que podemos edificar nuestro matrimonio son, la comunicación verbal y no verbal y la oración. Si usas solamente dos de las herramientas, tu matrimonio va a ser casi-bueno. Si usas solamente una va a ser casi-irremediable. Para poder tener un matrimonio sano y bello que supla aún las más profundas necesidades de ambos cónyuges, estas tres áreas deben funcionar a cabalidad.

La comprensión y la aceptación nacen de una buena comunicación. Para que un matrimonio alcance o no la plenitud de su potencial, depende grandemente en la forma como los individuos envueltos puedan comprenderse y aceptarse mutuamente.

La comunicación genuina no es fácil y es un asunto arriesgado. Es una calle de doble vía en la que el esposo y la esposa comparten tanto sus pensamientos como sus sentimientos. Nosotras queremos tanto comprender como ser comprendidos. Debe haber una honestidad mutua, ya que tú no puedes tener un matrimonio con buen éxito, a menos que tú y tu cónyuge se conozcan completamente. Para no andar a la defensiva, tienes que confiar completamente en tu esposo.

Tú debes saber quién eres y entender tus pensamientos y tus sentimientos o estar capacitada para clasificar lo que piensas y lo que sientes y hablar acerca de ello. Esta es la forma como vas a poder comunicarte con tu cónyuge. No andes con juegos ni manipulaciones. Los hombres resisten y resienten esta forma deshonesta de comunicación y probablemente no son tan ciegos a tus maquinaciones como tú crees.

Encuentra el tiempo necesario para hablar, para orar y para tener sexo. No permitas que las inquietudes del mundo te vayan a robar de estas fuentes de gozo.

HUELLAS DE LA MUJER DE DIOS

Sé realista respecto a lo que esperas de tu esposo. No esperes un modelo de perfección imponiéndole normas imposibles para alcanzar.

No vayas a ir al matrimonio asumiendo que tu esposo va a cambiar para ajustarse a tu modelo ideal. Posiblemente los cambios en él van a ser mínimos, y esa situación te va a frustrar al máximo y también te va a herir.

Yo he escuchado a James Dobson citar algo así como "Yo sé que tú crees que comprendes lo que piensas que dije, pero no estoy seguro si tú te das cuenta que lo que tú oíste no es lo que quise decirte."

El hablar cuidadosamente es una parte vital de la comunicación. Sin que tú lo sepas, tu cónyuge puede llevar por años palabras que tú hablaste. Nosotros no podemos borrar las palabras que hemos dicho. Habla, pero hazlo con cuidado no dejes que pasen por tus labios palabras que van a herir eternamente. El escuchar, cuidadosamente es vital tanto en el matrimonio como en el campo del espíritu. Todo lo que nosotros decimos va a ayudar o a herir, va a sanar o a dejar cicatrices, va a edificar o a destruir.

Las buenas maneras deben prevalecer más en el matrimonio que en cualquier otro lugar en la tierra. Nosotras a veces usamos buenas maneras con las otras personas, pero en el hogar fallamos completamente. Ten consideración, cuídate del volumen de tu voz, no hables demasiado, pero tampoco rehúses hablar, cuídate al descargarte demasiado sobre tu esposo porque a lo mejor le pones a él una carga.

Debemos usar estas reglas básicas para tener buenos modales al escuchar.
1. Presta toda tu atención.
2. No interrumpas.
3. Controla tus emociones.
4. No saltes tomando conclusiones. Asegúrate de entender lo que tu esposo te está diciendo.
5. No asumas saber lo que él está hablando.
6. Trata de ver su punto de vista y no sólo el tuyo.

Deben trabajar juntos para solucionar los problemas que tú puedas tener. Tú y tu esposo no son enemigos sino amigos muy cercanos. No vivas en el pasado, ni tampoco exageres tus problemas pero vive en amor y perdón.

Voy a presentar una lista de armas negativas que no debemos usar en nuestra comunicación.

PLATICA EXCESIVA

El hablar en exceso es el problema más prevalente. Recuerda que la crítica y

la queja no logran nada ni tampoco la
mención del pasado ayuda.

SILENCIO

El silencio es otra arma muy usada.
Esta es muy destructiva y vindicativa
porque bloquea cualquier comunicación
que se atente para solucionar el
problema. Puede nacer del deseo de
mantener la paz o de evitar decir
palabras hirientes, pero rara vez
soluciona el problema básico.

LAGRIMAS

Las mejores amigas de una niña son las
lágrimas. (Solamente estoy hablando en
broma). Creo que las mujeres encuentran
más difícil controlar sus lágrimas que
los hombres. A veces las mujeres
encuentran imposible poder
controlarlas. Las lágrimas tienen dos
efectos en los hombres (he escuchado de
boca de mis cuatro hijos varones).
Cuando la mujer llora o les causa ira o
se convierten en vulnerables para la
manipulación y ninguna de las dos cosas
es buena. El efecto positivo que pueden
causar tus lágrimas, es que tu esposo
comprenda cómo te sientes tú respecto a
determinada cosa. Si tú no puedes
controlar tus lágrimas por lo menos no
vayas a usarlas como arma. Debes estar
consciente del efecto que éstas causan
y debes ser suficientemente honesta
para disculparte.

HUELLAS DE LA MUJER DE DIOS

EXPLOSION

Otra arma es la explosión. Muchos hombres (y mujeres) viven temerosos de una situación explosiva en el hogar. Algunos guardan sus sentimientos hasta que encuentren algo que los empuje a explotar. La verdad es, que muchas personas les gusta pelear y tener escenas. La mayoría de las personas no desean tener que vivir temiendo explosiones. Algunas personas necesitan buscar formas positivas y creativas para la solución de sus problemas por sus reacciones indebidas. No dejes que la ira crezca en ti hasta el punto que haya una erupción. Busca la paz y síguela.

SEXO

También hay otra arma que es el sexo. Creo que desde el principio de tu matrimonio debes tomar la decisión de nunca, y bajo ninguna circunstancia usar el sexo como una arma para rehusar el amor. El sexo puede ser un gran médico para sanar tanto heridas presentes como pasadas. Deja que éste trabaje para ti.

MANIPULACION

Por último la manipulación (conspiración) existe. Parece que las mujeres nacen con este sospechoso talento. La manipulación no tiene lugar en el matrimonio. Puede destruir la hombría del varón y hacer desabrida a una mujer que de otro modo sería una mujer de Dios.

Cuando estábamos recién casados, mi esposo se quejaba que yo usaba con mucha frecuencia las frases "tú siempre" o "tú nunca". Era la verdad. A menudo usamos respuestas negativas con el objetivo de expresar ciertas ideas que pueden poner a nuestro esposo por el suelo o por lo menos ponerlo en su puesto. Déjame enumerar algunas de las actitudes negativas que estas expresan.

FRASE EXPRESA
1.   Tú nunca, tú siempre:
     exasperación
2.   Nada va a cambiar, Tu nunca cambias:
     desesperación
3.   Todo el tiempo:
     futilidad de cambio
4.   Te lo dije:
     venganza
5.   No me gusta:
     egoísmo
6.   Eso te toca a ti y no a mí:
     falta de cooperación
7.   Eso no va a funcionar:
     falta probar
8.   No tenemos el dinero:
     falta fe

9. Nadie más lo hace:
    temor
10. No es el tiempo oportuno:
    teme problemas
11. Pensémoslo más tiempo:
    puede ser legítimo
12. Ese es problema tuyo no mío:
    no quiere responsabilidad

Si tú eres culpable de usar demasiado cualquiera de esas frases, pídele a Dios que te ayude a encontrar un mejor camino de comunicación para que desarrolles una forma mejor para exponer tus puntos de vista. Haz el máximo esfuerzo para que cumplas con tu parte en la empresa del matrimonio.

CONCLUSION

"No erréis; las malas conversaciones corrompen las buenas costumbres. Velad debidamente y no pequéis..." (1 Corintios 15:33, 34).

"Pero ahora dejad también vosotros todas estas cosas; ira, enojo, malicia, blasfemia, palabras deshonestas de vuestra boca" (Colosenses 3:8).

"Ninguna palabra corrompida salga de vuestra boca, sino la que sea buena para la necesaria edificación, a fin de dar gracia a los oyentes. Y no contristéis al Espíritu Santo de Dios, con el cual fuisteis sellados para el día de la redención. Quítense de vosotros toda amargura, enojo, ira, gritería y maledicencia, y toda malicia. Antes sed benignos unos con otros, misericordiosos, perdonándoos unos a otros, como Dios también os perdonó a vosotros en Cristo." (Efesios 4:29-32).

Cuando yo estaba educando a mis hijos a menudo yo citaba esta Escritura "Antes sed benignos unos con otros, misericordiosos perdonándoos unos a otros..." Con cuatro varoncitos seguro que necesitaba citarla bastante.

Yo creo que muchos matrimonios no son bendecidos, ni las oraciones que hacen las parejas son contestadas, porque fallan en obedecer esta Escritura. Debemos tratar de buscar la paz y seguirla. Lee 1 Pedro 3:8-12.

Dios tiene normas de conducta y El espera que Sus hijos las aprendan y vivan esas normas como El las vive. Nosotras nos vamos a robar de la felicidad que Dios quiere darnos, si año tras año seguimos con las mismas actitudes y quejas. Tenemos que corregirnos y cambiar. Debemos tomar la norma de conducta que el Señor tiene.

Si tenemos compasión, somos como El.
Si nos amamos unos a los otros, somos como El.
Si somos llenos de misericordia, somos como El.
Si somos amables, somos como El.

HUELLAS DE LA MUJER DE DIOS

Si hablamos bendiciones y no maldiciones, somos como El.

Nuestra misión es mostrar al mundo quién es el Señor y reflejar Su presencia en nuestras vidas. Nosotros vamos a traer sanidad y gozo a nuestras relaciones interpersonales cuando reflejamos al Señor en nosotras.

Si tú deseas tener un buen matrimonio, felicidad, y días buenos, refrena tu boca del mal para que no destruyas precisamente las cosas que tu quieres sacar de la vida. No es de sorprendernos que Dios se retire de nosotras cuando lo que hacemos al reunirnos es hablar de los esposos con otras personas o con nosotras mismas. ¡Usa tu fe! Aunque tu esposo parezca un pícaro, Dios puede cambiarlo. Pero a veces Dios no lo cambia sino hasta que nuestro corazón esté en línea con el del Señor, y esto es que uses la compasión y la cortesía. El corazón amoroso de Dios habla bendiciones y no maldiciones.

Una de las lecciones más importantes que las mujeres tienen que aprender es la de cerrar la boca. Lo siento, pero tengo que decirlo así pues quiero que este punto sea entendido. Mujeres de Dios, sus bocas no tienen que estar continuamente moviéndose para que ustedes puedan ser usadas por Dios. Por la sensibilidad de nuestras naturalezas, si hablamos demasiado,

HUELLAS DE LA MUJER DE DIOS

mucho **MATERIAL** innecesario va a salir de nuestras bocas.

Abre tu boca con sabiduría, si hablas demasiado, nadie va a poner atención a lo que tú dices.

CAPITULO NUEVE

LA ORACION

La oración es simplemente la comunicación con Dios. La oración no es simplemente hablar con Dios y expresar nuestros más profundos sentimientos y necesidades, pero el escucharlo y esperar Su contestación con nuestra intención de obedecer Sus instrucciones.

La oración se lleva a cabo por medio de la misma clase de intercambio de ideas que permite la comunicación entre dos seres humanos. Nosotros necesitamos hablar con Dios en una forma real y tener un encuentro con El, de espíritu a espíritu. (Sé honesta, porque no puedes esconderte de Dios ya que El de todas maneras sabe como te sientes.)

La oración eficaz es un proceso espiritual que une el cielo y la tierra realizando la voluntad de Dios por medios tanto naturales como sobrenaturales. Uno de los ministerios del Espíritu Santo es permitir que el creyente se comunique con Dios en forma efectiva, porque El "....nos ayuda en nuestra debilidad; pues qué hemos de pedir como conviene, no lo sabemos, pero el Espíritu mismo intercede por nosotros con gemidos indecibles."

HUELLAS DE LA MUJER DE DIOS

(Romanos 8:26). Entonces Dios a Su vez nos escucha y nos contesta.

El ser una mujer de Dios puede tomar muchas formas ya que Dios nos hizo en forma única.

Déjame que te cuente una historia de una mujer que conocí bien, y que en forma única cumplió a satisfacción con las normas de Dios.

Ella era de pelo blanco, ojos azules, gordita, baja de estatura y quien tuvo un poderoso efecto en la vida de su familia y de la comunidad en donde vivía. Ella causó un efecto en mi vida como ninguna otra mujer que yo haya conocido. Ella era Mae Perry, madre de mi padre, y su tatarabuela, Ashley, Christin y Stephanie.

Desde los años de mi niñez yo me acuerdo de muchas campañas de avivamiento en las que se vio un tremendo mover de Dios y la conversión de los peores pecadores de la comunidad y su maravilloso cambio. Mi abuelita siempre estaba presente en esas campañas y jugaba un papel muy único ya que ella fue la última de esa generación de bautistas gritones. Muchas veces ella caminaba de un lado al otro del lugar de la campaña orando a gritos.

HUELLAS DE LA MUJER DE DIOS

Mi abuelita fue una mujer muy trabajadora y la madre de siete hijos. A menudo ella cocinaba grandes comidas no solamente para la familia sino para los jornaleros que trabajaban durante la cosecha en la finca. Ella sembraba muchos vegetales y los enlataba para guardarlos para días más flacos. Ella cosía no solamente ropa para la familia sino cobijas de retazos para el invierno. Ella oraba y gritaba y tocó los corazones de todos nosotros. No me puedo recordar que ella se quejara ni de su suerte en la vida ni por las cosas que ella no poseía. Ella ni criticaba a otros ni tampoco se enojaba así estuviera cocinando en aquella estufa o trabajando en el jardín en la mitad del verano. Siempre tenía su corazón dispuesto a escucharnos, era amable, cariñosa, tenía un gran sentido del humor, y nos amaba. Esto lo percibíamos sin necesidad que ella nos hablara. Cuando el Espíritu Santo la sobrecogía ella era muy ruidosa, pero en un día común y corriente era la mujer de Dios que yo siempre admiré. A diario estaba revestida con mansedumbre, calma y fortaleza. Ella en verdad afectó nuestras vidas y sus hijos y nietos la llamarán "bienaventurada."

A lo mejor tú me vas a decir que ella tuvo una vida muy dura. Ella no poseía ropas lindas, ni joyas, ni multitudes que pudieran ser impresionadas con sus dones espirituales y su sabiduría, pero

143

ella dejó un legado espiritual y una herencia que ha causado impacto y tocado el mundo en el que estaba su familia.

La última vez que recuerdo haber escuchado gritar a mi abuelita fue cuando yo tenía unos diez y siete o diez y ocho años. Uno de sus nietos mayores había regresado del conflicto de Corea hecho un predicador. Ambos lados de la familia querían escucharlo predicar y el lugar más central para las reuniones era un ranchón cubierto con ramas y en el que se reunía la gente a orar. Así fue como la familia comenzó una campaña de avivamiento con mi primo como predicador.

En la segunda o tercera noche de la campaña tres varones de otro grupo bautista aparecieron con las intenciones de boicotear el servicio ya que mi primo pertenecía a un grupo diferente del que había levantado el ranchón. Comenzó la gente a enojarse y parecía que comenzaba una horrible escena.

En ese momento el Espíritu Santo cayó sobre mi abuelita y ella comenzó a pasearse de un lado al otro del ranchón y ella gritaba hasta el punto que esos hombres no pudieron continuar su discusión y el servicio pudo terminar en calma. A la noche siguiente la campaña continuó, esta vez en un lugar cercano. Yo creo que mi abuelita obtuvo la victoria esa noche, pues inmediatamente comenzó un poderoso avivamiento. Probablemente el más poderoso mover de Dios que yo hubiera visto en toda mi vida. Muchos pecadores llegaron al altar llorando llenos de arrepentimiento y comenzaron un camino de victoria. Sus vidas fueron cambiadas para siempre. Esa fue una experiencia tremenda para una joven adolescente. Cuanto quisiera que se repitiera un mover de Dios como aquel, en esa forma poderosa.

No, no creas que estoy diciendo que tienes que hacer cobijas de retazos, o enlatar vegetales o gritar, pero Dios te va a mostrar la forma en la que tú puedas hacer impacto en las vidas de aquellos que Dios ha puesto a tu alrededor.
¿Cuáles son los requisitos para que podamos orar?

REQUISITOS

CONOCIMIENTO DE DIOS
Primero, nosotros tenemos que conocer a Dios. Tenemos que creer que El existe. Hebreos 11:6 dice, "...Porque es necesario que el que se acerca a Dios crea que le hay..." Unas excepción es cuando Dios responde a impíos que lo llaman porque lo están buscando. Sin embargo, el hijo de Dios necesita conocerlo y entender Su carácter y acercarse a El con confianza. Tenemos

que creer que cuando nos acercamos a El vamos a obtener resultados porque lo conocemos y sabemos que El es galardonador de los que lo buscan diligentemente.

INTEGRIDAD

Segundo, tenemos que tener integridad de corazón. Dios espera que nosotros caminemos en verdad con El, ya que de la verdad emerge la justicia. Dios espera que los frutos de justicia sean una realidad en nuestras vidas. Salmo 66:18 dice, "Si en mi corazón hubiere yo mirado a la iniquidad El Señor no me habría escuchado." Mucha gente ora y se pregunta por qué será que Dios no contesta sus peticiones, la respuesta es sencilla, porque no quieren lidiar con la iniquidad en sus corazones.

OBEDIENCIA

Tercero, nosotros le debemos a Dios obediencia incondicional. Alguien dijo que la obediencia selectiva es igual que desobediencia. Jesús nos dio el ejemplo de obediencia a la voluntad del Padre, El obedeció hasta la muerte. Dios desea hijos dispuestos a obedecerle. No es suficiente que pidamos ser obedientes cuando oramos. Para hacer la voluntad del Padre, nosotros tenemos que poner de nuestra parte y disponernos a obedecer.

HUELLAS DE LA MUJER DE DIOS

UN CORAZON QUE ESCUCHA

Por último, tenemos que desarrollar un corazón que escuche.

La oración obra en el campo sobrenatural y trae tremendos resultados. Dios quiere revelarse a nosotros.

Muchas de ustedes que están leyendo este libro puede que no me conozcan personalmente y que nunca vayan a oír mi voz, pero si yo las llamara por teléfono no reconocerían mi voz. Si asistieran a conferencias que yo dictara y escucharan mi voz por cinco o seis horas, si las llamara por teléfono, entonces sí reconocerían mi voz. Muchos cristianos no conocen la voz de Dios porque no toman tiempo para escucharlo. Si vivimos en la presencia de Dios y en comunión con El en el Espíritu, encontraremos la felicidad genuina.
"...Y los que le adoran, en espíritu y en verdad es necesario que le adoren." (Juan 4:24.)

Nosotros tenemos que desarrollar la habilidad de escuchar para mantener esta relación con Dios. La disciplina es fundamental para que aprendamos a escuchar.

INTERCESION

La intercesión consiste en ponernos en la brecha entre Dios y otros ya sea para salvación, para sanidad y aún para la conversión de las naciones. La Intercesión es la oración por otros, enfocando la voluntad de Dios para ellos. Es pedirle a Dios que haga por otros lo que ellos no pueden hacer por sí mismos.

¡Señoras! Si ustedes quieren tener un ministerio, ¡este es!! La oración eficaz puede mover montañas pero pueda que tengas que sacrificar tu deseo por obtener fama y atención. La intercesión no es un ministerio para aquellos que desean la atención de los demás. Tenemos que cuidarnos de no convertirnos en fariseos si queremos que la gente sepa cuantas horas oramos. La intercesión no es para satisfacer nuestro ego, ni para presentar una plataforma para que seamos conocidos, pero sí puede cambiar vidas, circunstancias y el mundo. Por medio de la intercesión podemos aún alcanzar que generaciones cambien y se acerquen a Dios.

BATALLA ESPIRITUAL

En estos tiempos se habla mucho de la batalla espiritual o la guerra contra las fuerzas demoníacas. Quizás esta indique la entrada a la madurez de parte de la Esposa del Cordero en estos últimos días. De todas maneras, no debemos actuar con ingenuidad ni estar demasiado confiados. Recordemos que se trata de una guerra muy real. Jesús dijo, que ya venía Satanás y "...él nada tiene en mí." (Juan 14:30.) Para aquellos que hagan batalla espiritual, es de primordial importancia que caminen en la transparencia del Señor, no vaya a ser que Satanás les diga, "....A Jesús conozco, y sé quien es Pablo; pero vosotros ¿quiénes sois?" (Hechos 19:15).

Nosotros no podremos ganarle a Satanás a menos que hayamos ganado la victoria sobre los pecados que no nos dejan mostrar que somos cristianos y que nos roban de la justicia de Dios. Algunas personas han creído la mentira que se puede clamar la autoridad espiritual basados en nuestra justificación en Cristo. Más bien, Dios da la autoridad sobre Satanás a aquellos que han probado tener el carácter de Cristo a los ojos del Padre. Si no tenemos Su carácter, tampoco tendremos Su autoridad.

El arma por excelencia en la batalla espiritual es un vaso justo (persona) quien ha ganado la victoria en tres frentes (el mundo, la carne, y los poderes satánicos), y quien proclama el nombre de Jesús, el Nombre sobre todo nombre.

GUERRA EN TRES FRENTES

LA CARNE
Nosotros no podemos ganar batallas sobre las fuerzas demoníacas hasta que

hayamos ganado la batalla sobre nuestra carne (1 Juan 2:16). Tu batalla personal sobre la carne puede que sean pecados obvios, adicciones a determinado estilo de vida, o la ambición personal y la manipulación.

EL MUNDO

Puede que signifique pecados obvios, o actitudes mundanas que te hayan usurpado esa sensibilidad para escuchar al Señor cuando El te llama la atención.

PODERES SATANICOS

Como lo mencioné antes, si no hemos ganado la batalla sobre la carne y el mundo, no podemos tener ese poder para vencerlos poderes satánicos que se vienen en contra de nosotros.

Si fallamos en una de esas áreas, vamos a perder en todas, y si no hemos ganado la batalla sobre la mundanalidad o sobre nosotras mismas, no vamos a poder vencer las fuerzas satánicas. (Lee Apocalipsis 12:12; 2 Timoteo 3:1.)

CONCLUSION

Mucha gente no puede obtener contacto con Dios porque sus pecados se levantan contra ellos y les dan en la cara cada vez que quieren orar. Tanto para ellos, como para toda persona, el arrepentimiento es el camino para obtener la paz de Dios. Si nosotros nos arrepentimos, Dios nos perdona y restaura nuestra confianza porque Su Trono es un ministerio de gracia. Cuando quiera que exista la necesidad, arrepiéntete rápidamente ya que si nuestros corazones no nos condenan, vamos a tener paz con Dios. La Escritura claramente nos dice que Dios nos perdona y nos acepta, entonces ¿por qué continuamos rechazándonos a nosotros mismos? El nos acepta incondicionalmente, pero la parte difícil es que nosotros nos perdonemos a nosotros mismos por haberle fallado al Señor.

Relájate en Su presencia y verás que tanto la confianza en ti mismo como en el Señor van a crecer. El temor se encarga de echar fuera el amor que tu tengas por ti o por los demás.

Encárgate de estudiar y aprender cómo era Jesús y reproduce Su naturaleza tanto en tu vida como en tus circunstancias.

Dios quiere revelarse a ti. Pídele que lo haga y verás que lo hará.

Una vez yo escuché decir a un decano de estudios académicos en una universidad conocida que era muy difícil orar con su cónyuge. Yo sabía que esa era una situación real en muchos casos, y me puse a pensar cuál sería el por qué. Varias razones asaltaron mi mente. Una fue que es difícil sentirse espiritual con la persona con quien tú vives sin sentirte hipócrita. Lo que pasa es que todos nuestros problemas y debilidades parece que saltaran a la superficie para plagarnos. Pero creo que la razón principal es que el diablo no quiere que oremos. El sabe que hay gran poder en la oración en unidad y por consiguiente hace lo más posible para que esta no se lleve a cabo. Cuídate de no estar aislada espiritualmente.

Rompe los poderes satánicos que te atan a ti y a tu esposo para que no recibas la respuesta de todo lo que necesitas en Cristo. Una vez que los rompas avanza junto con tu esposo con ardor y energía.

CAPITULO DIEZ

SEXO DIVINO VS. LUJURIA

El sexo divino es cuando nos encontramos, compartimos, abrazamos, nos tocamos, nos acariciamos, y llegamos a la unión de cuerpo con cuerpo y espíritu con espíritu. El sexo, en la misma forma que la oración, puede ser mejor (a medida que pasan los años puede haber mejor comunión y más satisfacción) si nosotros nos acercamos con corazones puros, expresando el verdadero amor y permitiéndole a Dios que El sea quien purifique nuestros motivos y nuestros pensamientos.

No hay nada que experimentemos en nuestra vida física que pueda causar más satisfacción y que pueda ser más bello que esa expresión de amor y comunicación entre dos seres. Nos da una vislumbre de la unidad y el amor de Dios. Llena esa necesidad que tenemos de ser uno con otro ser (el tocarnos y acariciarnos es en todos nosotros una necesidad). Ese esplendor que causa esa clase de sexo puede durar horas y hasta días y puede cambiar positivamente a una persona de muchas maneras.

Por otra parte, nunca podemos sentir satisfacción en la lujuria. Lo que existe en la lujuria es esa urgencia por tener más y más y entre más se tenga va a haber más perversión. El tener sexo por tenerlo, es insatisfactorio. La satisfacción física dura solamente unos pocos momentos y nada más. El hombre pecador en su urgencia por tener satisfacción abusa del sexo. El mundo está constantemente buscando satisfacción sin encontrarla, y sigue buscando otra pareja para ver si al fin la encuentra.

Cada vez que una persona satisface su lujuria en vez de que haya una comunicación divina, el sexo se convierte en algo más alejado de Dios. Cuando faltan la oración y la buena comunicación entre los amantes, no se puede esperar que haya satisfacción en el sexo. Si tú y tu cónyuge no se pueden comunicar ni pueden orar juntos, el sexo no podrá ocupar el nivel que Dios quiere que este ocupe. Lo que estoy tratando de decir, es que la falta de comunicación apaga el sexo y cambia de ser un acto de amor a una satisfacción de la lujuria.

Es muy importante la forma como tú te sientas respecto a tu esposo. Una vez yo tenía una vecina que me habló confidencialmente y me dijo que lo único que sostenía su matrimonio era el sexo. En realidad lo que había era lujuria, ya que la mayoría del tiempo ella estaba lista a divorciarse de su esposo, porque ella honestamente lo despreciaba. No le gustaba nada de él excepto el sexo, el que aparentemente funcionaba bien.

Lo que Dios intentó es que el acto sexual fuera una comunicación de ese amor que llena las más profundas necesidades de nuestra vida, no solamente una experiencia física.

Si tú no estás comunicando amor, probablemente lo que estás haciendo es dando satisfacción a la lujuria.

La lujuria es un pecado invisible. Ninguna persona puede ver tu problema si tú no quieres que lo vea.

Si tienes problema con la lujuria, como cristiana, el desarrollo espiritual es algo inalcanzable para ti. Puede que tengas el deseo de ser pura, pero es irresistible para ti ese deseo erótico de los placeres de la lujuria.

Cuando nosotros pecamos, sufrimos ya que paramos el desarrollo de nuestro carácter y el asemejarnos a Cristo, lo que no pasaría si no pecáramos. Así que, si continuamos alimentando a la lujuria vamos a limitar nuestra propia intimidad con Dios. Si nuestras facultades (miembros) no son limpias y puras, no podremos ser vasos dignos de contener el maravilloso amor de Dios.

Así que, hay una razón válida para que nosotras busquemos la pureza. Mateo 5:8

dice, "Bienaventurados los de limpio corazón, porque ellos verán a Dios."

La felicidad genuina consiste en vivir en la presencia de Dios. La pureza es la condición de un amor más alto, de la posesión de la más superior de todas las posesiones, Dios mismo.
Una experiencia de la presencia de Dios en toda su profundidad e intimidad, puede dejarte totalmente sorprendida. Así como tú puedes ser poseída por la lujuria, puedes sentirte poseída por Dios.

La lujuria ha destruido a muchos hombres y mujeres. Tanto pastores como obreros cristianos han sufrido, a causa de esta, la pérdida de sus labores de toda una vida, de sus esposas de muchos años, de sus hijos y de sus hogares.

La lujuria no se somete ni a la razón ni al sentido común. El temor y la culpabilidad no son suficientes para guardarnos del fracaso, lo que hacen es agregar odio al problema.

La lujuria no satisface; solamente provoca. El conocimiento de esto puede ser una buena forma de medir lo que está pasando en tu alcoba.

¿Cuáles son los resultados de la lujuria en el matrimonio?

HUELLAS DE LA MUJER DE DIOS

RESULTADOS

ACTUACION

La lujuria ilícita que tú tienes, va a causar el que uses el sexo como una válvula de escape. Tu esposo es solamente el objeto para satisfacer la necesidad física a la que la lujuria te empuja. Lo que sientes por tu esposo no es en verdad honesto. Puede que tú estés actuando pero el verdadero romance y la pasión no van a estar allá. Puede que te sientas robada, ya que tu esposo no llega físicamente a la medida de la persona perfecta con la que has soñado.

DEVALUACION

La lujuria causa la devaluación de tu cónyuge como un ser sexual, y causa el menosprecio que lo lleva de ser una persona a convertirse en un objeto. La envidia y la avaricia se unen a la lujuria y causan que veas en tu esposo o (ella) las faltas más pequeñas, en vez de las virtudes que tenga.

DIVISION

La lujuria causa que seas una persona dividida. La lujuria cierra todo campo en el corazón, o cualquier esquina de tu vida en la que Dios puede hacer entrada. Una parte de ti clama por liberación, y la otra sirve de guardia de entrada a esas habitaciones prohibidas.

HUELLAS DE LA MUJER DE DIOS

PROBLEMA

El matrimonio no causa que la lujuria sea buena. La licencia matrimonial no es una licencia para la lujuria. Sí, tanto el hombre como la mujer **PUEDEN** codiciar su propio cónyuge.

Me acuerdo cuando una amiga mía me habló confidencialmente y me contó que un día su esposo (un gran hombre de Dios y muy respetado) había llegado corriendo a la hora del almuerzo para pedirle perdón casi llorando. Dios lo había quebrantado y le había mostrado que él había codiciado a su propia esposa por años. Su condición había sido tal, que la esposa había ido al médico pensando que ella era la del problema. El doctor le dijo que su esposo era el del problema.

Si tienes problema en esta área ¿qué puedes hacer al respecto?

REMEDIO

ORACION

Ora sin esconderle nada a Dios. No vayas a cerrar tu mente pretendiendo que el problema no existe.

ARREPENTIMIENTO

Arrepiéntete delante de Dios y pídele Su misericordia.

HUELLAS DE LA MUJER DE DIOS

PURIFICACION

Deja que Dios te limpie y purifique. Coopera con El por medio de la obediencia y soltando el pecado.

CONFESION

A veces puede ser necesario que confieses a tu cónyuge tu lujuria. Pero primero asegúrate que Dios requiere esta confesión. Te recomiendo mucho cuidado. No vayas a apresurarte con la información a él. Si tu pecado ha causado heridas o daños, deja que Dios te muestre lo que debas hacer para poner las cosas derechas. La impureza a veces obstaculiza el crecimiento del amor y puede bloquear el amor que tú puedas gozar con Dios.

DISCIPLINA

Va a tomar disciplina de tu parte para cambiar tu manera de actuar, a menos que Dios en forma soberana te libere. Para obtener esa victoria cualquier disciplina que fuere necesaria va a valer la pena para que tengas un cambio en tu vida.

PREGUNTAS

Muchas personas me han hecho diferentes preguntas y quizás deba hacer mención aquí.

FANTASIAS

En estos tiempos hay un montón de fantasía en el mundo. Yo, personalmente creo que ésta es una puerta para que

HUELLAS DE LA MUJER DE DIOS

Satanás entre y haga de las suyas. La fantasía abre parte de nuestro ser a la inmundicia y Satanás **va** a entrar sin vacilar y va a tomar ventaja de esto. La única fantasía que creo sea aceptable para una mujer cristiana, es cuando ella, rendida por el ajetreo diario y las demandas del hogar y los hijos no le permitan responder al esposo. Entonces ella puede imaginarse en un lugar solitario con el esposo y así encontrar la fortaleza y la diversión para dar aquella última onza de amor.

SUEÑOS

Señoras, ustedes a veces me han hecho preguntas relacionadas con sueños eróticos. ¿Son estos pecado? Depende lo que haya causado los sueños. Puede que estos sean solamente un ataque del diablo, lo que no sería contado como pecado, o si se ha dejado una puerta abierta en el subconsciente que haya causado éste sueño. Si éste es el caso, puede que sea necesario que te arrepientas. Satanás es como un perro terco, él tiene que ser forzado a dejar de molestarnos en esa área. Cualquier falla de nuestra parte puede causar que él crea que tiene el derecho de invadir de nuevo.

Cierra la puerta por medio de un acto de tu voluntad y ordénale a Satanás que se retire en el Nombre de Jesús.

HUELLAS DE LA MUJER DE DIOS

Esta es otra de las preguntas, ¿soy responsable por mis sueños? Yo dudo que nosotros podamos tener absoluto control de lo que soñamos, pero sí creo que podemos controlarlos bastante. Satanás no es el único que tiene acceso para invadir nuestro subconsciente. El Espíritu Santo puede obrar allí también. Si nosotros mantenemos nuestras mentes puras, si no permitimos pensamientos o no vemos cosas lujuriosas, el Espíritu Santo puede llenar ese espacio con sueños espirituales y de Dios. Tú puedes tomar autoridad sobre el espíritu de perversión que haya operado en esta área y rehusar cualquier libertad que Satanás quiera tomarse para atormentarte.

Cuando te estés preparando para irte a dormir, fija tu mente y tu corazón en Dios por medio de la alabanza y la oración. Esta preparación parece muy efectiva para alejar a cualquier espíritu inmundo y deja la puerta abierta para la ministración del Espíritu de Dios. Dios puede darte sueños bellos y maravillosos a medida que El visita tu espíritu. Esa preparación también es efectiva para lidiar con otras áreas en las que el diablo le encanta atormentarnos cuando nos encontramos en ese estado vulnerable como es la inconciencia producida por el sueño.

HUELLAS DE LA MUJER DE DIOS

AMOR

Mi consejo final, amadas, es ¡**AMAR A TU ESPOSO**! No te vayas a la cama a aguantar el sexo hasta que termine el acto. No esperes a que él te ame primero. ¡Dá amor! Muchos hombres y mujeres están desencantados con el sexo en el matrimonio.

No se han dado cuenta nunca que el verdadero órgano del sexo no es el cuerpo sino la mente.
El cuerpo funciona y actúa, solamente la mente redimida puede llevarnos a una bella satisfacción que Dios tenía en Su mente cuando El creó el sexo.

Por último, aunque me arriesgo a que no me comprendan exactamente, quiero animarlas a que amen a sus esposos como al Señor. Nuestra intimidad en el sexo es una imagen del anhelo que Cristo tiene para la intimidad espiritual con nosotros. Si te sientes incapaz de sobrepasar las debilidades de tu esposo, acércate a Dios y dile, "Yo me estoy entregando a mi esposo como un símbolo de mi entrega a Ti Señor. Permite que mi intimidad con él sea una imagen de ese acercamiento que tanto deseo tener contigo." Yo te garantizo, que con el tiempo, vas a ver cosas espléndidas en tu matrimonio y en tu vida espiritual.

HUELLAS DE LA MUJER DE DIOS

CAPITULO ONCE

LA SANIDAD DE NUESTRO DOLOR

"Todos andamos heridos."

Desgraciadamente, esta frase es demasiado verdadera. Satanás ha atentado la destrucción de nuestras vidas por medio de las heridas que nos causa. Quizás no hay ningún ser humano que haya podido escapar de sus conspiraciones.

El otro lado de la moneda es, que Dios nos creó a Su imagen (Génesis 1:26). El nos diseñó y nos creó espiritualmente para gozar del honor que es digno de la realeza o de los habitantes del Cielo.

Satanás con todo su furor, hace el esfuerzo para que nosotros no podamos participar del maravilloso plan que Dios tiene para nuestras vidas. La interferencia de Satanás puede comenzar tan temprano como en el momento de la concepción o en el vientre la madre y hasta el fin de nuestras vidas. (No, un bebito chiquitito no puede entender las palabras, pero sí puede detectar las emociones que lo afecten.) En esta vida nunca estamos exentos de las heridas de Satanás.

Todas las emociones negativas y todos los temores inherentes en nuestra naturaleza entraron en Adán y Eva

después de la **CAIDA** en el Jardín del
Edén. El temor, la inferioridad, el
aislamiento, la culpabilidad, la
soledad, la ansiedad y la frustración
se hicieron parte de sus vidas.
Nosotros heredamos esas características
negativas por medio de nuestra
naturaleza pecaminosa.

DOLOR

Nosotros los seres humanos hemos
recibido mucho dolor en nuestras vidas
debido a la **CAIDA**.

El dolor viene a nosotros por medio del
rechazo que recibimos de parte de los
seres que nosotros amamos y que nos
deben amar. Por medio de las pérdida
del afecto, por los desengaños y
fracasos, por necesidades que hemos
tenido y no han sido suplidas, y por el
abandono de parte de aquellos que
debían cuidar de nosotros. También
recibimos dolor por pecados que hayamos
cometido o que hayamos permitido que
dominen nuestras vidas.

Estas penas o dolores afectan nuestras
mentes causando sentido de
inferioridad, condenación,
perfeccionismo, depresión extrema,
legalismo, soledad, inseguridad, temor
y falta de perdón.
El resultado final para nosotros es una
vida llena de lástima de nosotros
mismos, sentimientos de desesperación y

de desprecio. Experimentamos aislamiento. Debido a nuestros sentimientos de resentimiento, ira y amargura, podemos enfermarnos tanto física como mentalmente.

Pablo nos dice en Efesios 4:23 "Y renovaos en el espíritu de vuestra mente." El espíritu de nuestra mente son nuestras emociones las que necesitan la sanidad y limpieza que solo Dios puede dar. Nuestras emociones pueden controlar nuestros pensamientos. ¿Te has puesto a pensar cuáles emociones son las que controlan tu modo de pensar?

Debemos abandonar la esclavitud que el pecado ha depositado en nuestras vidas y convertirnos en personas nuevas semejantes a Dios en justicia y santidad. Dios ha prometido hacernos nuevas personas en Cristo Jesús si nosotros dejamos el viejo hombre (la clase de personas que éramos). Nosotros tenemos que desear cambiar ese espíritu que domina nuestras emociones y nos pone prisioneros en esclavitud,

RECHAZO

El rechazo causa un vacío de afectos (un lugar vacío en el que no hay amor). Este nos hace centrados en nosotros mismos y con un espíritu independiente y nos impide la comunión con otros. Debido al temor de dejar el control, se nos hace difícil dar nuestro afecto o someter nuestra voluntad a otros.

HUELLAS DE LA MUJER DE DIOS

De ese vacío va a venir la soledad y necesidades emocionales que no son suplidas, lo que causa un espíritu rebelde o quebrantado y aún ingobernable. Cuando la persona se siente insegura siente la necesidad de establecer control, para de esa manera sentir cierta seguridad.

Presentamos una lista de los resultados del rechazo.

1. Aislamiento, un sentimiento de separación de otros y de Dios.
2. Por causa de nuestra inhabilidad de relacionarnos con otros viene un vacío por falta de afectos por relaciones rotas.
3. Para llegar a un estado de madurez emocional, es necesario sentirnos amados, aceptados y aprobados. Al faltar estos viene la inmadurez emocional.
4. Para protegernos de la gente aceptamos soledad y temor.
5. La falta de identidad nos causa a buscar identidad con compañeros de estudios o trabajo o miembros de la iglesia, de la profesión que tengamos o de clubes que pertenezcamos.
6. El auto rechazo nos hace que veamos el rechazo de otros como prueba de que no valemos nada.
7. La inhabilidad de dar amor o recibir amor ser amados, y

8. Una relación inestable con Dios ya que nosotros creemos que es por obras que podemos ameritar nuestra relación con El y recibir Su aprobación en vez de aceptar Su amor y perdón y relacionándonos como Sus hijos amados.

PASOS PARA SALIR DEL RECHAZO

¿Cuáles son los pasos necesarios para salir del rechazo?

PERDON
Perdona a todas las personas que te han herido y permite que la sanidad que dá Jesús impregne tus emociones. "...perdonad y seréis perdonados." (Lucas 6:37.)

SOLTAR
Suelta tu pasado con todo su dolor y deja que las cosas pasadas no te tengan más tiempo preso. "...olvidando ciertamente lo que queda atrás...." (Filipenses 3:13).

ACEPTACION
Acepta el hecho de que nosotros somos "...aceptos en el Amado (Jesús)." (Efesios 1:6). Suelta tu pasado y acéptate a ti mismo, encuentra tu identidad en Cristo, y clama tu liberación y sanidad interior.

HUELLAS DE LA MUJER DE DIOS

AMARGURA

"Mirad bien, no sea que alguno deje de alcanzar la gracia de Dios; que brotando alguna raíz de amargura, os estorbe, y por ella muchos sean contaminados." (Hebreos 12:15).

Las heridas que recibimos producen en nosotros una raíz de amargura. Estas heridas pueden venir de muchas fuentes tales como, relaciones entre padres e hijos, relaciones entre esposo y esposa, y relaciones interpersonales. Las heridas más profundas que nosotros recibimos vienen general-mente de las personas más allegadas a nosotros y estas pueden envenenar nuestras almas.

CULPA

La culpa que nosotros echamos a otras personas se convierte en odio. El odio se adhiere al resentimiento que nosotros sintamos, el que a su vez se convierte en amargura en nuestros espíritus, a menos que busquemos ser sanados en ésta área.

La presencia de la amargura afecta todo nuestro ser y se refleja en nuestras actitudes, nuestras acciones y en nuestra conversación. Algunas veces nos enfermamos como resultado de la amargura en nuestros corazones.

HUELLAS DE LA MUJER DE DIOS

AISLAMIENTO

La gente levanta paredes de aislamiento a su alrededor para protección porque se sienten solos, son atacados por el temor y desconfianza en las otras personas. Ellos no quieren volver a ser heridos y tienen temor de que alguien conozca sus debilidades y sufrimientos.

ACTITUD DE CRITICISMO

La amargura nos impele a una actitud crítica hacia otros y la tendencia de cortar relaciones y echar fuera de nuestras vidas a otras personas. La vida para una persona con este espíritu de crítica se convierte en una vida centrada en la persona misma y desarrolla un egoísmo que no le permite pensar en las necesidades de otros.

La estrategia de Satanás para separar y destruir por medio de la amargura, deja un sendero de destrucción no solamente en la iglesia pero en el hogar, y en las vidas de los individuos. La epístola a los Hebreos (12:15) nos dice que no vayamos a permitir que esa podredumbre entre en nuestras vidas. Tenemos que pedirle a Jesús que nos sane de toda amargura, y guarde nuestras relaciones para que no seamos culpables de causar amargura en las relaciones con otras personas.

HUELLAS DE LA MUJER DE DIOS

HERIDAS DOLOROSAS

La persona que lleve estas heridas se caracteriza por:
Las ataduras del pasado que no le permiten vivir en el presente.
Las ataduras a las gentes de su pasado lo incapacitan para soltar a esas personas.
Tormento por angustia mental debida a las memorias, y
Ataduras por un espíritu de rebelión que no le permiten, ni sanidad ni obtener paz.

PERDON

La clave para soltar el dolor y el rechazo es el perdón.

El perdón es un acto de voluntad; tú **escoges** perdonar. Los sentimientos de amor vienen después del perdón. A medida que tú sueltas a las personas que te han herido, Dios suelta el dolor que hay en ti y el proceso de sanidad comienza a realizarse.

Cuando tú perdonas, liberas a Dios para que pueda perdonarte tanto a ti como a otros y pueda sanarte. Pueda que tengas que perdonarte a ti mismo a perdonar a Dios, si tú lo ves como tu atormentador y tu enemigo.

HUELLAS DE LA MUJER DE DIOS

AMOR

Para poder amar a otros tenemos que tener dos experiencias básicas: amor por nosotros mismos y haber recibido amor de otra persona.

Una mujer que no ha recibido amor de parte de su padre ni ha tenido una buena relación con él, le es difícil tener una relación con su propio esposo. La falta del amor del padre y de la autoridad de éste, produce en la mujer un sentido de ira que la puede llevar consigo a su propio hogar. Ese espíritu rebelde de Jezabel, control, manipulación y venganza pueden venir de una raíz de rechazo causada por la falta del amor y la autoridad del padre.

Si nosotros crecemos sin el amor que necesitamos, **es** posible que experimentemos ese amor incondicional del Señor Jesucristo (1 Juan 4:9, 11, 18, 19). En particular el espíritu de adopción que nos hace hijos e hijas de Dios. (Lee Romanos 8:15.)

Tú vas a experimentar el amor de Dios cuando recibes Su perdón y aceptación. La habilidad para amarte a ti mismo y amar a otras personas es el resultado de ese amor que Dios primero te dio. Por medio de Su aceptación, nosotros también podemos aceptarnos a nosotros mismos.

171

HUELLAS DE LA MUJER DE DIOS

LA RESPUESTA

Tú tienes el privilegio de ensayar a Jesús o gastar miles de dólares en siquiatras. Jesús dice, "Venid a mí todos los que estáis trabajados y cargados, y yo os haré descansar, Llevad mi yugo sobre vosotros, y aprended de mí, que soy manso y humilde de corazón; y hallaréis descanso para vuestras almas, porque mi yugo es fácil, y ligera mi carga."(Mateo 11:28,29, 30).

Entonces, ¿cómo sabes si eres una persona normal? Tú eres normal si puedes hacer lo siguiente:

- Perdonar y aceptar el perdón de otros.
- Confrontar a otros "Siguiendo la verdad en amor" (Efesios 4:15).
- Dar aprobación y afirmación a otros.
- Arriesgar el cambio en tu vida.
- Soltar el pasado y no vivir en él.
- Recordar en forma realista las cosas que te causaron dolor.
- Mirar al futuro con esperanza y una vida renovada.
- Desarrollar una relación dinámica con Dios.

Jesús es amante de nuestras almas y el desea llenar el vacío que ocupa el centro de nuestro ser. El desea llevarnos a Su Casa del Banquete y poner Su bandera sobre nosotros para que nosotros podamos decir, "Mi amado es mío, y yo suya..." (Cantares de Salomón 2:4 y 16).

La única forma para que puedas salir de ese desierto en el que te encuentras, es descansar en tu Amado; "¿Quién es ésta que sube del desierto, Recostada sobre su amado?" (Cantares de Salomón 8:5).

"He aquí, yo estoy a la puerta y llamo; si alguno oye mi voz y abre la puerta, entraré a él, y cenaré con él, y él conmigo." (Apocalipsis 3:20). Jesús está llamando y pidiéndote la entrada en tu vida. Apresúrate a contestarle e invítalo a entrar. El es la solución para la sanidad de tu dolor.

Dios promete sanar a los desechados. "Más yo haré venir sanidad para ti, y sanaré tus heridas, dice Jehová; porque desechada te llamaron, diciendo: Esta es Sión, de la que nadie se acuerda.." (Jeremías 30:17).

Después de sanarnos El nos promete cambiar nuestro lamento en gozo, confortarnos, y hacernos regocijar después de sanar nuestro dolor. (Jeremías 31:13).

Repite ésta oración encontrada en el Salmo 139:23,24: "Examíname, Oh Dios, y conoce mi corazón; Pruébame y conoce mis pensamientos; Y ve si hay en mí

camino de perversidad, Y guíame en el
camino eterno."

HUELLAS DE LA MUJER DE DIOS

CAPITULO DOCE

AUTO-ESTIMA

La mayoría de nosotros los hijos de Dios tenemos un profundo deseo de hacer algo **grande** en el Reino de Dios. Sin embargo, puede que muchos de nosotros nunca vayamos a gozar de esa satisfacción debido a la forma como nos hemos evaluado.

En investigaciones hechas con el objeto de identificar el principal problema en las vidas de las mujeres, se ha llegado a la conclusión que la auto-estima es el problema número uno. Cuando el nivel de auto-estima es bajo, ocurren más desórdenes sicóticos que con cualquier otro factor.

El requerimiento de dignidad, respeto, aprecio y auto-estima, son quizás las necesidades humanas más profundas. Si estas faltan, estos son los resultados: depresión, ira, culpabilidad, resentimiento, fatiga, conmiseración, soledad, aburrimiento y toda la lista de emociones negativas que pueda haber. La auto-estima es algo que nos consume, y hay muchos factores que la moldean y estos combinados producen lo que nosotros somos. "Permítame definir el término en la forma como yo lo uso: Auto-estima es el hambre que tienen los seres humanos por la dignidad divina que Dios intentó que fuera nuestro derecho de nacimiento como Sus hijos creados en Su imagen." (Robert H. Schullen. **AUTO-ESTIMA: LA NUEVA REFORMA**, Word Books, Waco, Texas, 1982, p.5)

PERDIDA DE LA AUTO-ESTIMA

Cuando Adán pecó en el jardín de Edén, la humanidad perdió ese sentido positivo de dignidad.

El programa de la recuperación de ésta, vino a través de la Persona de Jesucristo. El se convirtió en el camino que Dios instituyó para que esa dignidad pudiera regresar a la humanidad.

El temor y la vergüenza entraron en el mundo por medio de la Caída de Adán y Eva. En ese momento del tiempo, todas las emociones negativas que conocemos básicamente, entraron en la raza humana. Estas son inferioridad, depresión, ansiedad, condenación, resentimiento y temor para mencionar unas pocas.

Si nuestra relación con el Señor Jesucristo no se restaura, hemos perdido el sentido de nuestras vidas y hemos dañado y atormentado el mismo corazón de nuestro ser. Las emociones negativas nos controlan.

HUELLAS DE LA MUJER DE DIOS

A través de los siglos nosotros hemos tratado de encontrar de muchas maneras, las respuestas para la solución de estas emociones negativas. A continuación voy a mencionar solamente tres filosofías, porque probablemente son con las que estamos más familiarizados.

FREUDISMO
Sigmund Freud buscó la calma de nuestras mentes atormentadas introduciendo el concepto del placer y de las sensaciones que nos agradan. El humanismo moderno nació de esta filosofía. Si los humanistas fueran honestos y tomaran el tiempo para observar, descubrirían que el humanismo no ha solucionado nuestros problemas básicos sino que ha causado que las cosas vayan de mal en peor.

MARXISMO
El Marxismo es mejor conocido como el Comunismo. El Comunismo trató de tumbar las barreras económicas para que los hombres fueran iguales económicamente, y de esa manera hacerlos felices. El Comunismo ha sido una falla deprimente en todas las generaciones.

FEMINISMO MODERNO
Los feministas creen que todos los problemas que hay en el mundo han sido causados por el dominio que ejercen los varones. Creen que solamente el poder femenino puede poner las cosas de nuevo en orden. El objetivo que tienen es

tumbar las barreras, buenas o malas, entre hombres y mujeres.

UNA BUENA IMAGEN PROPIA

Para que haya una buena imagen, tres necesidades tienen que ser suplidas y estas son: un sentido de pertenecer, un sentido de dignidad y un sentido de ser competente.

UN SENTIDO DE PERTENECER

Durante nuestros primeros años, nuestros padres nos dan amor que es lo que produce auto-estima. Se sabe que hay bebitos que han muerto porque no han sido aceptados ni amados. Muchas personas gastan toda una vida luchando para alcanzar su completo potencial, y todo esto, porque sus padres no las amaron.

Cuando nosotros hemos experimentado el compromiso de nuestros padres hacia nosotros, vamos a estar capacitados para comprometernos con otros. Un padre les dá una estabilidad especial a sus hijos cuando él puede proveerles ese sentido de que él les pertenece.

Junto con el compromiso de nuestros padres hacia nosotros, necesitamos saber que Dios nos quiere, que El nos cuida, y nos acepta, y se goza con nosotros, Necesitamos saber que Dios puede suplir cualquier cosa y circunstancia que nuestros padres terrenales hayan fallado en darnos. Nosotros somos de valor, simplemente porque existimos, y no necesitamos trabajar para ganarnos ese valor. Nuestro valor no está basado en lo que otros digan, o que nos hagan o dejen de hacernos.

En Juan 16:27 Jesús dice, "Pues el Padre mismo os ama, porque vosotros me habéis amado...." Este versículo tiene un profundo significado para mí. Yo sé que yo amo a mis hijos, y nada de lo que ellos me hicieran podría quitar ese amor que tengo por ellos. Me dá también un seguro sentido de pertenecer a El y de que El me ama. Claro está que Su amor es mucho más fuerte que el amor de madre. (Ve en Isaías 49:15.)

Así que, debes saber que si tú has escogido a Jesús, Dios Mismo te ama no importa como te sientas respecto a ti misma. La fuerza sanadora más potente del mundo es ese amor incondicional de Dios y el hecho que El no nos está echando juicios de seguido. Es una fuerza energizante que nos sostiene, que cubre nuestras debilidades, y tapa nuestros defectos. ¡Le pertenecemos!

UN SENTIDO DE DIGNIDAD
Necesitamos sentirnos que valemos, que somos dignos. Un sentido de dignidad, de estar obrando bien en los ojos de Dios y de otros, y también en nuestros propios ojos. Cuando sabemos que Dios nos acepta y que El declara nuestro

valer, produce en nosotros un sentido de dignidad.

Como mujeres de Dios necesitamos cuidarnos de no basar nuestro valer en lo que otros hayan dicho de nosotras en el pasado, de los logros que podamos obtener, de nuestras posesiones, de las personas que nosotras conozcamos, o de cómo nos sintamos respecto a nuestra apariencia.

El vivir en justicia no produce la ganancia de la auto-estima. Solamente Dios puede darnos la fortaleza para caminar como mujeres rectas y viviendo en santidad. Si nosotras simplemente nos arrepentimos de nuestra parte, y aceptamos el perdón de Dios, podemos recuperar ese sentido de valer o dignidad que hubiéramos perdido en el pasado. Si nosotras lidiamos con nuestras vidas en honestidad (sin necesidades imaginarias o la exageración de nuestro valer o la falta de éste) vamos a obtener resultados positivos. Entonces podemos alcanzar a otros y amarlos como Dios nos ama.

UN SENTIDO DE COMPETENCIA
Nosotros nos sentimos competentes cuando sabemos que podemos hacer algo que valga la pena y hacer frente a la vida con éxito.

Por el hecho que Dios nos creó a Su imagen, sentimos un sentido del destino y la necesidad de llevar a cabo nuestro propósito, y necesitamos lograr algo que valga la pena en nuestras vidas.

Mi sugerencia es que derramemos nuestras vidas en cosas que tengan un significado eterno. Nuestros esposos y nuestros hijos forman el área principal para usar esa competencia que Dios nos ha dado. No estés contenta con que tus hijos crezcan a la deriva como cualquier perico de los palotes y sin tu ayuda. Determina ser la mamá mejor informada y mas tierna y amante de sus hijos.

El ser competente es más de la habilidad para actuar; también implica el que te envuelvas en lo que tienes que hacer. Ya sea que seas casada o soltera, puedes determinar mejorarte, realzar tu propia vida y contribuir a la vida de tu comunidad, o el lugar en donde tú vivas. Por ejemplo, puedes escoger hacer servicio voluntario para organizaciones que estén lidiando con la solución de problemas para obtener justicia en tu pueblo, ciudad o nación. Tanto las obras cristianas como de caridad producen satisfacción en nosotras. Claro está que la iglesia es un lugar ideal para que tú te des, lo que va a producir en ti desarrollo y crecimiento.

Si las actividades que mencione no llenan tus necesidades, te sugiero que desarrolles intereses personales. Hay varias clases de cosas que las mujeres pueden hacer y pueden llenar sus vidas y también darles un sentido de satisfacción de logros.

No nos dejemos tentar a compararnos con otras personas. Pablo nos dice en II Corintios 10:12, "...pero ellos, midiéndose a sí mismos por sí mismos, y comparándose consigo mismos, no son juiciosos." Tú eres un ser único, y como tal siéntete libre de escoger las cosas que satisfacen tu sentido de dignidad y valer. En cualquier cosa en la que tú decidas poner tus manos, actúa con diligencia y sé competente.

Las emociones son una fuerza que empuja nuestras vidas. Todos nosotros tenemos que aprender a juzgar nuestras vidas por la realidad y no por nuestros sentimientos. Cuando no hay satisfacción a nuestra ansia de ser amados tenemos que ser honestas y aceptarlo. Cuando nosotros nos sentimos que tenemos poco valer, debemos controlar esos sentimientos ya que pueden causar hostilidad y llevarnos a la violencia y también causar que otros sufran.

Tenemos que lidiar en el nivel subconsciente con una convicción de que no tenemos ningún valor personal. Esa convicción puede causar sentimientos de inutilidad y de desesperación.

HUELLAS DE LA MUJER DE DIOS

Lo que pensamos que nosotros somos, es lo que forma nuestras personalidades. La forma como la gente responda a nosotros o parezca que piensa de nosotros, es lo que nos lleva a avaluarnos. Nuestro comportamiento es generalmente consistente con el concepto que tengamos de nosotros mismos.

Lucha para que el concepto que tú tengas de ti misma se mantenga abierto y en crecimiento. Trata de verte a ti misma como nuestro Padre Dios te ve, esto es con ojos de amor.

Ahora, una última palabra. Ten extremado cuidado en la parte que tú juegas para formar en otros ese sentido de valor propio. Tus propios hijos son de suprema importancia. Inculca en tus hijos el hecho que ellos tienen mucho valor. ¡Son la corona de la creación de Dios!

CAPITULO TRECE

PERFECCIONISMO

El perfeccionismo es un problema muy prevalente hoy en día. El énfasis está puesto en un alto rendimiento no sólo en el comercio pero en la industria, en el diseño de casas y edificios, y bellos jardines. Este énfasis ha causado problemas que se han convertido en trampas para aquellas personas que todo lo que piensan es alcanzar altos logros.

Para decir lo qué es, el perfeccionismo es esperar demasiado de nosotros mismos y de otros. Una persona perfeccionista te dice a diario qué imperfecta tú eres (y todo el resto del mundo también). Estos perfeccionistas desafortunados tienen la necesidad interna de tener auto-estima lo que los impele a actuar sin cometer falta.

Una persona verdaderamente perfeccionista, toma sus muy buenas características y las lleva demasiado lejos. Generalmente excede en auto-disciplina, organización y su habilidad para manejar bien los detalles.

Nuestra sociedad promueve el perfeccionismo por medio del énfasis en altas normas. Entonces dedicamos tiempo y energía excesivos para lograr esas normas con un criterio de éxito.

HUELLAS DE LA MUJER DE DIOS

Nosotros sicológicamente hacemos una ecuación para alcanzar esas normas con aprobación y aceptación propias.

Para ser un perfeccionista sigue estas dos reglas:

1. Por siempre tu enfoque en el fracaso o la debilidad tuya o de otros.
2. Nunca debes reconocer o reforzar puntos fuertes.

Quizás ya te estás preguntando ¿soy una de ellas?

Probablemente casi todas nosotras tenemos una u otra de esas características en un momento u otro.

Mi madre usaba bromear diciéndome que yo limpiaba mi cuarto con un cepillo de dientes. ¡La crianza de mis cuatro hijos varones me curó de esa clase de perfeccionismo!

Después pasé por el perfeccionismo del vestuario. Por varios años era un tormento para mí ya que yo estaba muy preocupada por mi ropa, joyas y mi apariencia en general. Una vez más mis hijos me liberaron. Cuando comencé a perder mi figura, se me hizo más difícil preocuparme por la ropa, pero ellos insistieron que no importaba, que no me debía preocupar. En la manera como ellos piensan las abuelas aparentemente deben estar sobre peso y no ser sofisticadas.

Hace muchos años mi esposo Carroll era pastor de una iglesia bautista en Mississippi. Habíamos regresado del campo misionero y no llevábamos mucho tiempo en esa iglesia. Se suponía que cierta noche tuviéramos una reunión con los diáconos y sus esposas en nuestra casa. Esa tarde Carroll me sorprendió corriendo de habitación en habitación con un plumero limpiando los techos. Yo estoy segura que él creyó que estaba volviéndome loca. Yo le expliqué que con el clima húmedo había muchas arañas y por consiguiente telarañas, y que las mujeres iban a notarlas si yo no las limpiaba. Eso no le causó mucha impresión, pero más tarde esa noche yo le conté cómo una de las señoras me dijo que ella estaba mirando los techos y estaba admirada de ver que no tenían ni una telaraña.

Ahora están de moda los peinados sencillos y de pelo corto. Hace veinte años o menos, la moda era que cada pelo debía estar en su debido lugar y las mujeres vivían tan preocupadas por su apariencia que dormían en almohadas con fundas de satín o se envolvían el pelo en papel higiénico para no despeinarse.

Hoy en día en lo único que clamo el perfeccionismo, es en mi costura. Me encanta diseñar la ropa y hacerles vestidos a mis tres nietas y lucho por hacerlo lo más perfecto que pueda aún con las ropas para las muñecas.

Estos son casos leves de perfeccionismo. Completando nuestro trabajo y haciéndolo lo más perfecto que podamos no es una forma mala de perfeccionismo.

La verdad del caso es, que nadie es ni puede ser perfecto en su actuación. Es irónico que aquellas personas que luchan por ser perfectas, muestras sólo imperfección. La tendencia al perfeccionismo puede llevarnos a una disminución de nuestro amor propio, la tensión innecesaria y por último la depresión.

Quiero tocar tres áreas del perfeccionismo: en el hogar, en el trabajo y en nuestra relación con Dios.

EL HOGAR

Los padres de personas perfeccionistas son generalmente perfeccionistas también. En formas ya sea sutiles o abiertas ponen normas irracionales de actuación para sus hijos.

Si a estos niños les falta un refuerzo positivo, se van a convertir en temerosos e inseguros de sí mismos.

HUELLAS DE LA MUJER DE DIOS

Estos niños, para ganar la aprobación de parte de sus padres, se fuerzan a tener un comportamiento perfeccionista.

Un ejemplo clásico es el del niño que llega a su casa con la libreta de notas con A en todo excepto una B+. Estos padres inmediatamente ponen el enfoque en la B+ en vez de todas las As.

El mensaje para el niño es, tú no eres aceptable delante de tus padres a menos que seas perfecto. Si tú no eres perfecto en tu manera de actuar, entonces nos sentimos desengañados.

Ese niño cuando llega a la adolescencia y el (o ella) dejan el hogar, internalizan este sistema de auto-definirse. "Si no soy perfecto en mi manera de actuar, entonces no soy una buena persona, por consiguiente no me gusta como soy."

Esta forma de definir su aceptación personal lo lleva a actuar con ansiedad y caer en un círculo vicioso de fracasos debido a las normas perfeccionistas que le es imposible alcanzar.

El resultado de esto puede ser la depresión.

HUELLAS DE LA MUJER DE DIOS

TRABAJO

Este ciclo de trabajo lo vemos repetir en muchos lugares de trabajo. En el ambiente del trabajo es muy común y casi típico que no haya primas o premios dados por trabajo o logros excepcionales. Por otra parte, cuando la persona comete un error, generalmente se le comunica rápido y en forma negativa.

La compañía rápidamente le recuerda al individuo que es un fracaso y esto refuerza el nivel bajo de auto-estima y prueba una vez más la imperfección. La organización responde de la misma forma que los padres lo hicieron en el pasado, enfoque en el fracaso y los errores sin reconocer los puntos fuertes.

DIOS

Es fácil ver como este ciclo puede afectar nuestra relación con Dios. Nosotros transferimos la misma mentalidad a esa relación. Nosotros asumimos que Dios espera que nosotros seamos perfectos, de la misma forma que tanto nuestros padres como nuestros supervisores nos exigieron. A más de esto que nosotros asumimos, sabemos que El es un Dios grande y santo, por consiguiente podemos esperar que El demande más de nosotros.

HUELLAS DE LA MUJER DE DIOS

Descubrimos que tenemos dificultad de vivir sin pecar. Tampoco actuamos con perfección. Entonces nos sentimos indignos y esperamos que Dios nos rechace. Estamos mentalmente predispuestos a ese rechazo de parte de El.

Necesitamos entender que Dios siempre nos ha amado "....en que siendo aún pecadores...." (Romanos 5:8). Por consiguiente nosotros debemos luchar por darles a nuestros hijos la misma clase de aceptación. Ellos se la merecen.

Mi esposo dice a menudo, "Dios es perfecto, pero El no es perfeccionista."

SICOLOGÍA

El perfeccionismo forma una brecha para que entre el fracaso.

1. Nosotros nos cegamos a lo que quiera que hagamos ya sea bueno o malo.

2. Nos enfocamos en la brecha entre lo que es y lo que hubiera podido ser. Nuestros pensamientos nos atormentan "Si yo hubiera te- nido más cuidado.." "Si yo tuviera más tiempo." "Si otros hubieran tenido mas responsabilidad."

3. Esta forma de pensar produce en nosotros el actuar con constante ansiedad o desengaño personal.

4. En el análisis final nosotros probamos la imperfección una y otra vez y se convierte en un indicador de que nosotros no podemos otorgarnos esa aceptación personal.

5. Esta brecha se ensancha a medida que la auto-estima perfeccionista se convierte en la base para aceptar a otros. Cada vez se hacen más evidentes los problemas interpersonales ya que en la mente del perfeccionista nunca pueden las personas alcanzar la altura que él requiere.

6. Debido a sus actitudes críticas, los supervisores perfeccionistas hacen la vida de sus subalternos casi imposible para que puedan trabajar.

7. La falla final es que ellos transmiten esta enfermedad a sus hijos. No pueden aceptara ninguna persona que no pueda seguir sus normas, ni siquiera sus propios hijos.

COMPORTAMIENTOS

Los perfeccionistas tienen una larga lista de características de comportamiento.

1. Los perfeccionistas encuentran muy difícil   acomodarse a cambios

191

inesperados y frecuentemente responden con un estallido de ira.

2. Sus normas son muy altas, irreales y persona- les, lo que causa resentimiento y problemas interpersonales severos.

3. La forma como responden a otros es negativa y en tono de crítica. Juzgan a las personas y se enfocan en las debilidades y los fracasos de éstas y nunca en sus puntos fuertes.

4. Generalmente hacen blanco en una persona por sus problemas e ineficiencias. Si esa persona deja su organización se van a enfocar en otra.

5. Son muy disciplinados, conscientes del factor tiempo y quieren planear todo de antemano.(La habilidad de gozarnos con cosas hechas en tiempo no estructurado es la esencia para distraernos.

6. Debido a la fuerte necesidad que tienen de llevar el control, ellos reprimen sus emociones. Han negado una parte esencial de ellos mismos. Sienten emociones fuertes como -tensión, ira y depresión - han perdido el gozo, la intensidad y las profundas satisfacciones.

7. Trabajan mejor aislados y solos, porque saben que si ellos hacen algo,

lo van a hacera tiempo y de la forma correcta. No pueden delegar autoridad.

8. Esta clase de personas causan grandes impresiones que no duran y debido a esa naturaleza de crítica, otros se separan de ellos.

9. Muchos tienen un exterior muy profesional, pero son de los que se sienten heridos fácil- mente.

10. Les falta un buen sentido del humor y no se les ve ni sonreír.

RESPUESTAS

¿Qué puedo hacer si me identifico con estas definiciones?

1. Aprende a tolerar el cambio. Dale la bienvenida tan a menudo como puedas.

2. Aprende a trabajar con otros en una forma en que se respalden mutuamente. Practica el tacto y desarrolla tu paciencia.

3. Oblígate a responder a las habilidades positivas de otros y hazlo en forma verbal y abierta. Enfócate en lo que has hecho correctamente en vez de percibir tus propios fracasos.

4. Desarrolla relaciones interpersonales quesean positivas.

5. Practica el gasto de tu tiempo libre en formas que no hayas planeado con el objeto de sensibilizarte de esa necesidad de estructurar todo lo que hagas.

6. Practica verbalizando tus sentimientos especialmente las emociones positivas.

7. Trabaja en equipo, así podrás edificar tu lealtad y compromiso.

8. Muérdete la lengua cuando comiences a hablar mal de ti, de tu esposo, familia, empleo o colegas.

9. Desarrolla amistades con personas con lasque puedas abrirte y permitir que te conozcan.

10. Practica la risa y oblígate a reír varias veces al día. Alégrate y recuerda que la risa es contagiosa y hace que otros se acerquen a ti.

Probablemente un de tus puntos fuertes sea el alcanzar metas personales, así que, el cambiar tu forma de ser debe ser un reto que te va a gustar ponerte. Hazlo como para el Señor, para tu familia y para ti y tu futuro.

Antes de ser un perfeccionista fuiste una persona. Tú vales simplemente porque tú eres tú y no tienes que probar cuanto vales.

HUELLAS DE LA MUJER DE DIOS

CAPITULO CATORCE

HERENCIA DEL SEÑOR SON LOS HIJOS

Mi esposo dice, "La vida no se mide por el número de años que nosotros vivimos. Se mide por medio del legado que nuestras vidas dejan a otros."

"He aquí, herencia de Jehová son los hijos; cosa de estima el fruto del vientre." (Salmo 127:3).

Mi esposo y yo tuvimos seis hijos nacidos de nosotros. cuatro varones y dos niñas. El segundo de nuestros hijos fue una niña la que nació en el interior del Brasil. A la edad de cinco y medio meses murió cuando éramos misioneros en ese país. Dios agregó a éste número, una preciosa hija brasileña llamada Sonia. Con esto no estoy diciendo que yo sea una autoridad en la crianza de niños, pero sí los hijos me han proporcionado bastante experiencia referente a ese tema.

Los bebitos son una de "las grandes pinceladas de la Mano de Dios." Ellos son maravillosos, nos dan tremenda satisfacción, son un reto para nosotros y hasta a veces nos asustan. Cuando nacen son pequeños seres complicados, intrincados y muchos padres no demoran en sentir que Dios les ha presentado un reto al dárselos para lo que no se sienten preparados.

HUELLAS DE LA MUJER DE DIOS

Hace un tiempo había este dicho popular,"Los hijos son páginas en blanco en las que tú como padre eres responsable de llenar." Me tomó solamente un hijo para hacerme comprender que esta declaración no es completamente verdadera.

Algunos niños nacen contentos, y encantadores, mientras que otros nacen con temperamentos enojados, personalidades raras, voluntades fuertes y fallas y problemas de diferentes clases.

Los genes que Dios reunió en determinado niño simplemente determinan gran parte de lo que él es. Creo que Dios monta esos genes por Su infinita sabiduría y para Sus divinos propósitos. Hay razón para adorar a Dios ya que no hay dos montajes que El haya hecho que sean exactamente iguales. ¡Qué pensamiento tan grande y abrumador!

Muchos científicos creen que la personalidad es una mezcla del ambiente en que se levante la persona y su estructura genética. El Salmo 139:16 dice, "Mi embrión vieron tus ojos, Y en tu libro estaban escritas todas aquellas cosas que fueron luego formadas, sin faltar una de ellas." ¡Ciertamente Dios nos hizo en forma **tremenda y maravillosa**! Dios estaba allá en alguna forma envuelto en el proceso creativo y respecto a las circunstancias de nuestras vidas. Puede que nuestros padres no nos hayan planeado, pero Dios no nos juntó por accidente.

Claro está que el ambiente es un factor en el desarrollo del niño. Personalmente, yo creo que los efectos del ambiente a menudo comienzan en el vientre y el bebé nace con ciertos sentimientos hacia la vida establecidos ya en su personalidad.

Nuestro primer hijo nació en el Brasil. En esos tiempos nosotros manejábamos una camioneta Volkswagen con algunos accesorios de lujo. Después de unos meses de mi embarazo, comencé a notar que cuando mi esposo me ayudaba a subir al frente del vehículo, el cerraba la puerta de un golpe para asegurarse que estaba bien cerrada.

Cada vez el bebé daba tremendo saltó en mi vientre y comenzaba a patear locamente. Probablemente el dormía y el golpe lo hacía despertar enojado. En toda forma este estímulo de afuera de su ambiente privado definitivamente lo afectó.

Cuando nosotras estamos embarazadas, tenemos cuidado de visitar al médico con regularidad, tomamos vitaminas y obedecemos otras precauciones para nuestra salud, pero la mayoría de nosotras rara vez piensa que el ambiente o circunstancias puedan afectar al bebé. Creo que no pensamos en esto pues en nuestra sociedad se cree que la vida del niño comienza en el momento de nacer. La verdad, es que la vida del niño comienza en el momento de la concepción.

Si tú quieres que te dé una prueba bíblica, ensaya a leer Lucas 1:41 al 44. Este capítulo nos presenta la historia de Elizabet, la madre de Juan el Bautista, y de María la madre de Jesús. Lucas 1:15 dice que el Espíritu Santo llenaría a Juan "..aún desde el vientre de su madre." María fue a visitar a Elizabet después de que el ángel le anunció que María daría a luz y sería la madre del Salvador. Elizabet estaba embarazada de un hijo especial dado por el Señor y quien sería el Precursor del Salvador. Cuando él escuchó la voz de María (el que más tarde se llamaría Juan), saltó de alegría en el vientre de su madre. En alguna forma el espíritu de este niño que todavía no había nacido, sabía que María llevaba en su vientre al Salvador. ¡Qué maravilla!

Déjame decirte la historia que me contó mi esposo de una señora quien el ministró consejería hace varios años. Esta señora estaba atormentada con depresión, pensamientos de suicidio, inseguridad y odio de ella misma. Ella le contó a mi esposo que su mamá la

HUELLAS DE LA MUJER DE DIOS

había tratado de abortar antes de que naciera.

Ella había sido tan tremendamente traumatizada que cuando la pusieron en la escuela, ella no aguantaba estar allá a menos que su silla en la clase estuviera colocada en la dirección de su casa de habitación. La sanidad comenzó para ella cuando su mamá le pidió perdón por lo que había intentado hacerle.

Así que, el niño puede tener memorias desde que está en el vientre de su madre.

Se ha sabido que niños que están en el vientre de su madre y que ésta fuma, sufren de ansiedad. Una cosa interesante que debemos hacer notar es que estos bebitos comienzan a sufrir ansiedad en el momento que la madre **piensa** en fumarse un cigarrillo, no cuando el humo penetre el vientre. Por razones inexplicables, parece que el bebé sabe lo que la madre está pensando y la molestia que el resultado de sus acciones le van a producir. El bebé comienza a reaccionar aún antes de que la madre prenda el cigarrillo.
Mucha gente sabe que la música suave calma al bebé que está en el vientre y que la música rock o algunas piezas de Beethoven lo agitan.

Estaríamos en lo seguro, si asumimos que un bebé sin nacer puede detectar amor, odio, rechazo y aceptación. El punto es éste, lo que nosotras somos puede afectar grandemente al niño que llevamos en el vientre y predisponerlo tanto a la rebelión como a sentirse aceptado en la vida.

Quiero hacer mención de cuatro cosas que son las que forman los cimientos para que tu y tu esposo puedan ser buenos padres.

MADUREZ

La crianza de los hijos demanda nuestra propia madurez.

La madurez significa el poder de discernir entre el bien y el mal y poder llevar la vida de acuerdo y sin excusas o reacciones pueriles. Significa también, poder controlar la ira, responder en amor y dar buen ejemplo. Tú no puedes demandar que tus hijos hagan lo que tú no puedes hacer, o si no estás dispuesta a ser un modelo para ellos.

Nosotros como padres recibimos el ejemplo de Jesús. El fue un siervo desinteresado que dio Su vida por aquellos que El amó. El completamente se dio, en otras palabras El era maduro.

HUELLAS DE LA MUJER DE DIOS

CICLO DE VIDA

El ciclo de nuestra vida va más o menos en la forma siguiente. En el hogar, los padres suplen las necesidades del hijo y lo hacen el centro de atención, y lo crían (cuidadosamente lo entrenan). El papel que juega el niño es de recibir todo.

Cuando se llega al matrimonio, en donde la relaciones de uno-a-uno, el individuo tiene que dejar su egoísmo, ser desinteresado, y el resultado es un mover hacia la madurez.

En la paternidad entramos en la etapa en la que tenemos que darnos en todas las áreas. El sentido que el niño tenga de su identidad y de aceptación lo recibe de la experiencia en el hogar, especialmente la relación con su padre. El resultado de esta parte de nuestra vida debe ser la madurez, lo que significa el darnos completamente.

PUNTOS DEBILES

La madurez demanda que nosotros aprendamos a lidiar con nuestros puntos débiles o flacos.
Inconscientemente nosotros pasamos a nuestros hijos nuestros puntos débiles.

Nosotros necesitamos asegurarnos de recibir sanidad de las heridas y problemas que hayamos tenido, porque es muy fácil que pasemos las heridas a nuestros hijos.

HUELLAS DE LA MUJER DE DIOS

ACTITUDES

Aún nuestras actitudes pueden ser transferidas a nuestros hijos, así que, guarda tu boca y tus acciones. ¿Cuántos padres han sido sorprendidos por el hecho de que sus hijos repitan algo que ellos hayan dicho o hecho?

EGOCENTRISMO

¿Estoy centrada en mí misma, de modo que mis deseos y mis intereses estén primero que los de cualquiera otra persona o mi familia? ¿Me he dejado convencer por el humanismo que yo me debo a mí misma el obtener mi felicidad a cualquier costo? La causa primaria de los matrimonios destrozados es probablemente el egoísmo, el que produce inmensas cantidades de daño a los hijos.

UN CARACTER DIGNO

Los padres no tienen que **ganarse** ni merecerse el honor debido a su posición, pero sí tienen que ganarse el respeto personal. Para que puedas recibir el respeto personal de parte de tu hijo (no el amor), tienes que desarrollar en ti un carácter digno. Los niños no son estúpidos. No les toma tiempo para discernir. Si eres inmadura, actúas como un bebé, los engañas, y les mientes, lo que haces es destruir el respeto que ellos te puedan tener. Ellos necesitan la emulación de un héroe noble. ¡Deja que ese héroe seas tú!

HUELLAS DE LA MUJER DE DIOS

METAS CLARAS

¿Estoy consciente de la clase de hijo que intento levantar? ¿Sé yo lo que quisiera que mi hijo fuera? Hablando de este asunto, ¿sé yo cuáles son mis metas personales para mi vida y son estas metas claras?

AUTORIDAD

LA FORMACION DEL CARACTER

La autoridad es esencial para la formación del carácter.

El amor no forma el carácter, solamente sitúa la plataforma para su formación.

Los padres que tienen confianza en sí mismos, no son indulgentes en el amor ni abusivos en la autoridad.

Tú como padre tienes que tomar el control. Tus decisiones deben estar balanceadas entre el amor y la autoridad.

El sicólogo John Rosemond presenta esta pauta en una forma muy buena. En la ausencia de la suficiente autoridad, el amor es indulgente. En la ausencia del amor. la autoridad es tirana. Si tú eres tanto amorosamente autoritario, como autoritativamente amoroso, tu hijo va a mantener ese sentido de balance. Yo he presentado una paráfrasis de la cita de John K. Rosemond. Su libro se llama **"El plan de Seis Puntos para**

HUELLAS DE LA MUJER DE DIOS

Levantar Hijos Felices" John K.
Rosemond, Andrews and McMeel, New York,
1989, página 49.

La autoridad recibida sin el amor,
impide la formación correcta del niño.

El amor recibido sin autoridad es
indulgente y también impide la
formación correcta del niño.

Para que tu hijo pueda **recibir** tu
corrección tiene que poseer tu corazón
y saber que lo amas. Si el niño sabe
que tu corazón no está con él, la
disciplina va a ser ineficaz.

Si un padre tiene una dosis fuerte del
espíritu de control puede producir en
los hijos resultados muy negativos.

1. Este tipo de control no produce
vida.

2. Simplemente reacciona ya que no pone
atención ni a los hechos ni al corazón
del niño.

3. Por amenazas de violencia produce
intimidación, rechazo de cualquier
contacto causando ira, enojo y
violencia.

4. En vez de guiar empuja.

5. No produce justicia sino venganza.

6. Obra por medio del rechazo y produce el espíritu de rechazo.

7. Roba del niño la libertad para que desarrolle madurez, para que sea responsable y capacitado
para hacer sus propias decisiones.

8. No funciona como producto del verdadero amor del corazón del padres.

LA FORMACION DE LA JUSTICIA
La autoridad es esencial para que se pueda formar la justicia. Mi esposo dice, "Los deseos justos, nos hacen a nosotros justos; deseos injustos, nos hacen a nosotros injustos."

La justicia se forma en las personas de la misma manera que se forma el carácter, y esto es por medio de la obediencia y sumisión a las leyes de Dios. Esta no viene como producto de la información (inteligencia) ni tampoco por medio de la fe (doctrina).

El carácter y la justicia se van formando en los niños a medida que ellos responden a la disciplina de una autoridad justa. La comprensión, el conocimiento y la sabiduría se producen en los niños que experimentan la disciplina de una autoridad justa. Si no existe esta clase de disciplina, el producto va a ser egocentrismo, egoísmo, voluntad indomable y rebelión.

HUELLAS DE LA MUJER DE DIOS

Una autoridad justa va a producir justicia en el hogar y los resultados van a ser paz, sosiego y confianza.

DISCIPLINA
La disciplina es importante ya que es el fundamento de la formación del carácter.

La disciplina de nuestros hijos comienza con la disciplina en nuestras propias vidas. Si tú no has aprendido la disciplina, es prácticamente imposible que se la puedas enseñar a tus hijos. Seguramente tus esfuerzos no tengan efecto si tú no puedes llevar a cabo (el entrenamiento necesario para inculcar) la disciplina que tú deseas.

Para poder conquistar y dar consistentemente los siguientes pasos, tú vas a necesitar disciplina.

1. Sé realista con tus amenazas de castigar. Es una tentación amenazar con cosas que tú no tienes intención de cumplir.

2. Resiste la tentación de comparar a uno con otro de tus hijos. Recuerda que cada niño va a ser diferente.

3. Cumple exactamente con cada castigo que hayas prometido. (Mis hijos me dan como calificación una A en ese punto).

HUELLAS DE LA MUJER DE DIOS

4. Resiste la tentación de reaccionar con ira o enojo.

5. No te burles de tus hijos en forma hiriente o negativa, no los menosprecies, ni les pongas apodos.

6. Disciplínate de modo que castigues cada acto de desobediencia en forma justa y equitativa.

Cuando le das a tu hijo una oportunidad más contando hasta tres, usas disciplina negativa. Esta clase de disciplina la usamos a menudo por razón de cansancio o pereza en vez de disciplinar al principios. No debe sorprender- nos el que produzcamos hijos manipuladores y voluntariosos si la usamos

RESPONSABILIDAD

Nosotros somos responsables delante de Dios por ciertas cosas referentes a la crianza de nuestros hijos.

ENSEÑANZA Y ENTRENAMIENTO
Nosotros somos responsables delante de Dios por la enseñanza y entrenamiento de nuestros hijos. La falta de dirección y restricción de la juventud de hoy en día es directamente contraria a las enseñanzas de la Biblia.

Nota lo que dice Proverbios 22:6 y 29:15 "Instruye al niño en su camino; Y aún cuando fuere viejo no se apartará de él." "La vara y la corrección dan sabiduría; Mas el muchacho consentido avergonzará a su madre."

Para entrenar a un niño toma algo más que enseñarlo. La enseñanza hace que el niño sepa y entienda lo que él debe ser y hacer. La enseñanza lidia con la mente.

El entrenamiento lleva la enseñanza a través de la aplicación práctica y lidia con la voluntad del niño. Para entrenar a un niño toma mucha disciplina de nuestra parte, así como mucha energía en algunos casos. Creo que nosotras como cristianas tratamos de enseñar a los hijos caminos justos, pero fallamos por no comenzar en la edad temprana del niño y no la seguimos con el entrenamiento.

Las voluntades de algunos niños son tan fuertes que los padres tratan en vano de moldearlas y al final simplemente se dan por vencidos. Esta clase de niños son difíciles de educar. Afectan a los otros niños en el hogar y también hacen nuestra tarea sumamente difícil. A medida que nosotras oramos y tenazmente entrenamos a nuestros hijos, Dios nos va a dar la sabiduría y fortaleza necesarias para terminar esa obra. Es muy importante que no nos vayamos a dar por vencidas ya que una voluntad que no es restringida va a resultar en una persona voluntariosa lo que hace que él niño no tenga uso para sí mismo, para otros y especialmente para Dios. Si el niño no te obedece, seguramente nunca va a aprender a obedecer a Dios tampoco, porque él no ha aprendido los principios de disciplina y obediencia.

Mientras estamos en la tarea de enseñar y entrenar a nuestros hijos, debemos recordar que el espíritu del niño es vulnerable y a veces frágil.

Si nosotras herimos su espíritu vamos a causar que él pierda el sentido de su propio valor y lo colocamos en la vida en una posición muy desventajosa.

RESTRICCION
Tenemos que dar cuenta a Dios si no restringimos a nuestros hijos.

Los padres tienen que proveer un liderazgo fuerte y son responsables por las influencias exteriores a sus hijos. ¡Tenemos que controlar a nuestros hijos! Un liderazgo débil no es merecedor de respeto.

Permíteme presentarte un ejemplo clásico del Antiguo Testamento. Por favor lee el pasaje referente al Sumo Sacerdote Elí encontrado en I Samuel 2:22-30 y 3:13. "Así ha dicho Jehová... has honrado a tus hijos más que a mí...Yo honraré a los que me honran y a los que me desprecian serán tenidos por poco."

HUELLAS DE LA MUJER DE DIOS

Luego Dios dice, "Yo juzgaré su casa (la de Elí) para siempre, por **la iniquidad que él sabe**; porque sus hijos han blasfemado a Dios y él no los ha estorbado" (restringido).

Los hijos de Elí siguieron muy bien las huellas de su padre. Ellos fueron sacerdotes del tabernáculo del Señor, pero no siguieron el carácter de su padre. Elí fue un hombre justo, probablemente un buen sacerdote, pero como padre él era débil. Dios lo hizo responder por los pecados de sus dos hijos adultos. El tenía la autoridad para haber hecho que dejaran ese estilo de vida, pero él no impuso justicia o rectitud. Sus pecados fueron muy graves (ve 1 Samuel 2:22).

Elí trató de hablar con ellos cuando fue informado de las acciones de éstos, pero Dios ya había decidido terminar con sus vidas ya que habían pecado contra El, causando al pueblo cometer el pecado de fornicación. Más tarde los dos hijos perdieron sus vidas en la batalla y los Filisteos arrebataron el Arca del Señor de manos de los israelitas. Luego El*i se cayó de para atrás y se desnucó cuando él oyó que su nación había perdido el arca del Señor.

Samuel fue el sacerdote que ocupó el lugar de Elí. Puedes encontrar ésta historia en 1 Samuel comenzando con el capítulo 1. Elí también había criado a

HUELLAS DE LA MUJER DE DIOS

Samuel. En otras palabras Elí había
presentado a Samuel la figura de padre.
Samuel fue un gran sacerdote y juez de
Israel y su carácter fue extremadamente
limpio y justo. Pero con todo y eso sus
dos hijos fueron un problema. Samuel
los había nombrado jueces sobre Israel,
pero ellos no siguieron su justo
carácter. Ellos dejaron de ser
virtuosos y tomaron sobornos y fueron
perversos en su juicio.

Una vez le pregunté a mi esposo qué
habría tenido que hacer Elí para
restringir a sus hijos. Según la ley
que gobernó a Israel de Moisés a
Cristo, habrían tenido que ser
apedreados hasta morir. El matar a una
persona a pedradas suena una pena
demasiado fuerte a nuestros ojos ya que
hoy en día, como cristianos, tratamos
de preservar la vida y la libertad a
todo costo.

Me imagino que tanto Elí como Samuel
estaban tan ensimismados en juzgar y
regir a Israel (haciendo la obra de
Dios, o trabajando para Dios), que
fallaron en ser verdaderos padres. En
Israel, la ley de Dios se les confió a
los padres para que enseñaran y
entrenaran a sus hijos.

La prevención es mejor que la curación.
El verdadero entrenamiento consiste no
solamente en la prevención de errores
sino el estar alerta para que no los

haya. No es simplemente corregirlos
después que la gente los cometa.

Antes de la formación de un hábito,
tiene que haber el establecimiento de
un principio. Los hábitos inclinan al
niño hacia determinada dirección
haciendo que la ejecución de ciertos
actos sea fácil y natural, así
preparando el camino para la obediencia
desde el principio. Nosotros somos
responsables de inclinar a los hijos en
la dirección que nosotros sabemos es
recta y justa. Ellos necesitan
obedecernos sin que les tengamos que
dar explicación (aunque la mayoría del
tiempo yo creo que nosotros como padres
debemos estar en la posición de dar a
nuestros hijos una explicación
razonable de lo que les estamos
indicando que hagan).

También creo que nosotros les debemos
decir a nuestros hijos una vez lo que
deseamos que hagan, y decirlo con una
voz suave. Si nosotros levantamos
nuestra voz o gritamos lo que les
estamos indicando es que no estamos en
control de la situación ni tampoco en
control de nosotros mismos. Si les
gritas puede que esto los lleve a que
repitan sus esfuerzos por mantenerte
fuera de balance y descontrolada.

Nosotros vivimos una vez en la casa de
una pareja de misioneros por tres meses
y tuvimos una relación cercana con

ellos por ocho años. Ellos educaron cuatro niñas y un niño. Me impresionó sobremanera el control que la madre tenía sobre sus hijos. Ella siempre les hablaba suavemente y nunca les repetía una instrucción. Yo noté que rara vez ella necesitaba disciplinarlos. Ella los había entrenado bien.

Una vez le pregunté qué pensaba ella respecto de usar la vara de corrección con sus hijos y ella me aseguró que se gozaba cuando lo hacía. Me dijo que le ayudaba al niño y también le ayudaba a ella. Nosotros sabemos que es bíblico hacerlo. Lee Proverbios 22:15 y 23:13.

El tono de tu voz y la apariencia de tu semblante le van a hablar al niño y mostrar qué tanto control tienes de determinada situación. Una madre controlada produce confianza, balance y dignidad en sus hijos.

EL DAR UN BUEN EJEMPLO
Dios nos hace responsables por el ejemplo que nosotros demos.

El ejemplo es mejor que el precepto.

Si nosotros deseamos levantar jóvenes y señoritas para Dios, debemos darles buen ejemplo. Nosotros no podemos permitirnos ser perezosos, estar malhumorados, dejar que la ira nos controle o que usemos violencia.

HUELLAS DE LA MUJER DE DIOS

Los padres son espejos en los que el niño forma su identidad. Las conclusiones que él saca de ese espejo, van a afectar su vida entera. Los espejos presentados por los padres forman las imágenes que tengan sus hijos. Una persona que tiene alta confianza de sí misma, la ha recibido de los reflejos positivos que ha visto en el espejo de sus padres. El comportamiento de un niño iguala la imagen que éste tenga de sí mismo. Para dar este ejemplo nosotros tenemos que mostrarlo a nuestros hijos. Tenemos que vivir una vida en Cristo para probarles lo que somos en El.

El ejemplo de lo que es una vida virtuosa va a ser más influencia para ellos que todas las palabras que salgan de nuestra boca.

Proverbios 8:17 dice, "Yo amo a los que me aman, Y me hallan lo que temprano me buscan." El versículo 35 dice, "Porque el que me halla, hallará la vida, Y alcanzará el favor de Jehová."

¿No es esa la clase de vida que queremos para nuestros hijos? ¿No debe ser nuestra meta el que les presentemos a Cristo para que ellos a su vez sepan cómo encontrar la vida?

La esposa de un predicador me contó la historia de su hija quien llegó a la casa de ella con su pequeña hijita. Se

HUELLAS DE LA MUJER DE DIOS

llegó el domingo por la mañana cuando todo el mundo se estaba preparando para ir a la iglesia. Cuando ella escuchó, la madre se dio cuenta que tanto su hija como su nietecita estaban felices cantando alabanzas por el gozo que ellas sentían de ir a la Casa del Señor. La hija le estaba enseñando a la pequeña, por medio del ejemplo el gozo que debemos sentir de ir a la iglesia y adorar a Dios. ¡Qué herencia tan maravillosa para esa niña!

AFIRMACION

Dios nos hace responsables por un espíritu de afirmación hacia nuestros hijos. Cuando nosotros no nos hemos sentido dignos, o hemos fallado, el Señor nos anima y nos afirma. Nosotros tenemos que amar incondicionalmente, sin negarnos a dar amor y aceptación a aquel hijo que no llena los requerimientos.

AMOR INCONDICIONAL

Tú no puedes avergonzar a un niño para hacerlo que se porte bien; Tú lo tienes que llevar a esa buena conducta por medio de tu amor. Cuando tú avergüenzas a un niño creas dentro de él ira interna o una imagen despreciable.

CONTROL

Cuando tú no permites que el comportamiento del niño dicte tu vida, tú lo afirmas. Cuando le permites que controle tu vida lo que haces es crear en ti ira, rechazo y rebelión hacia él.

215

LA IRA O ENOJO NO SE DEBEN TOLERAR
Tu afirmas al niño cuando no le toleras
ni pataletas ni ataques de ira. La
tolerancia refuerza el mal
comportamiento. Nosotros no debemos
permitir que los niños ventilen su ira
y frustraciones pateando el piso,
puertas, paredes o juguetes. El
resultado de cada acto de violencia es
hacer el próximo más fácil.

Hace varios años que les dije a mis
hijos que los sicólogos están errados
cuando dicen que el ventilar la ira y
las frustraciones produce sanidad. El
ser violento en cualquier forma,
solamente hace el camino fácil para ser
más violento a la próxima vez. Dios es
la respuesta. El solamente puede
neutralizar toda frustración y sanar
las heridas que dueles con que
solamente nosotros le pidamos que lo
haga. (Algunos sicólogos están diciendo
ahora que no es una terapia válida el
dramatizar nuestras frustraciones. Esta
no es la solución.)

Nunca me olvidaré de una experiencia
que tuve un día en el supermercado. Una
mamá llevaba a un niño pequeño en la
carreta del mercado y lo insultaba
llamándolo estúpido, bruto y otras
cuantas palabras soeces. Ella lo hacía
a todo pulmón. Yo terminé detrás de
ella cuando llegamos a la cajera y no
podía creer lo que había oído. Me

sorprendió sobremanera al pensar que
éste niño estaba totalmente fuera de
control y con solo unos muy poquitos
años de vida. La mamá nunca dejó de
gritar e insultarlo, ni el niño dejó de
darle la oportunidad a que estuviera
iracunda. fue una situación muy triste.

Me partía el corazón ver a ese niño en
esa situación, y pensar que él estaba
muy mal y qué clase de niño podría ser
con una madre que estuviera en control
de sus emociones. Yo tuve que controlar
mi lengua para decirle unas cuantas
cosas, pero no lo hice ya que pensé que
mi lengua no pareaba la de ella. Ella
le estaba diciendo a ese niñito que él
no era bueno. A menos que ocurra un
milagro, él va a crecer creyendo lo que
dice su mamá. **lo que** le diga la madre
que es él, es **lo que** él va a pensar que
él es.

Toma cada oportunidad que puedas para
concentrarte, reconocer, reforzar, y
premiar el buen comportamiento. Uno de
mis hijos era tan lleno de vida y de
picardías, que el oía **no**
constantemente. Creo que él creció
pensando que no era buena por la
cantidad de **no es** que él oyó. Sus
experiencias le han dado compasión para
ser un pastor excelente, aunque si yo
hubiera tenido más sabiduría me habría
concentrado en sus puntos fuertes que
son muchos.

EL PERDON

El perdón es parte importante del amor y de la afirmación. La vida cristiana comienza con el perdón y la forma de mantenerla es por medio del perdón. La familia no es excepción de esto. La popular frase "El amor es no tener que decir 'lo siento'", es una falsa proposición. Enseña a tus hijos a que amen y perdonen a toda persona. Tú misma debes ser para ellos modelo de perdón. Enséñales a decir "lo siento" y "estaba errado." Cuando ellos sean adultos no les va a parecer imposible decir "lo siento" o "estoy errado".

DISCIPLINA CREATIVA

Pídele a Dios que te dé creatividad y afirmación en la disciplina.

Si usamos exageradamente la vara de corrección, va a perder efectividad. Definitivamente la Biblia es partidaria de que se use. Varios versículos en el libro de Proverbios nos lo muestran. La corrección en ésta forma debe ser justa y la debemos administrar amorosamente. No debemos espontáneamente pegarle a un niño porque tenemos ira nosotros. Parte de tu disciplina como padre es que no castigues con la vara si estas enojado.

La gente habla bastante sobre lo que debemos usar cuando corregimos pegando.

Cuando yo era joven, a menudo se usaba una vara de árbol de durazno para disciplinar a los niños. Lo primero que hacía el adulto era mandar al niño que trajera la vara para pegarle. Este tipo de corrección es doloroso y la vara deja marcas pero estas desaparecen rápidamente.

En mi juventud se empleaba una de las tiras de cuero que había en el baño de las que se usan para afilar las barberas. Mis padres nunca la usaron conmigo (estoy segura que si la hubieran usado me recordaría), y a mis hermanos varones no les dieron azotes muchas veces con ésta. El exhibir esta tira en el baño era una bella forma de disuadirnos del mal comportamiento. Los adultos pueden pecar por el abuso de cualquier forma de castigo. El usar demasiados azotes no es una **opción**.

Unas personas dicen que no se debe usar la mano para pegar pues debe usarse para mostrar afecto y acariciar. Personalmente creo que no importa usar las manos para pegar siempre y cuando el castigo sea administrado justa y consistentemente y sin abuso físico. Tú nunca debes abusar ni maltratar a un niño.

Una conocida maestra de escuela dominical, y que fue maestra mía, me dijo una vez que ella le había contestado mal a su madre solamente una vez en su vida. Su madre le dio una cachetada tan fuerte que la tumbó sobre un mueble que estaba en el otro lado de la habitación. Estoy segura que tú considerarías que este tipo de castigo había sido muy cruel y no apropiado en nuestros días, pero ese incidente sucedió hace unos ochenta años cuando los adultos esperaban respeto y si no lo recibían el castigo era seguro. (Yo **no** recomiendo ni apruebo el dar cachetadas y herir la cara de un niño. Lo hago para clarificar el asunto.)

En muchos países se ha perdido ese concepto. Mi esposo y yo hemos estado en muchos países en los que los niños rigen el hogar, y a menudo lo mismo pasa en nuestro país.

Los niños no son tan frágiles como que ellos no puedan interpretar el castigo correctamente. La envergadura de atención de los niños pequeños es corta. Si tú te demoras en castigar porque tú estés buscando el objeto apropiado para pegarles, ellos van a olvidarse lo que pasó y no entender por qué les estás pegando. Como tu mano la llevas contigo a todas partes es la más fácil para pegar y cuando la usas correctamente es efectiva y tan útil como la Sra. Cuchara de Palo o cualquier otro objeto. Como yo tenía cuatro varoncitos mi mano estaba siendo demasiado usada, así que decidí cambiar y en vez de ésta emplear las pistas plásticas que los niños usan con sus carritos de carreras. ¡Estas resultaron maravillosas! Y les ardían las piernas

HUELLAS DE LA MUJER DE DIOS

por unos pocos minutos y nunca les dejaron marca permanente. Las pistas eran maleables de modo que yo tenía que darles con fuerza para que fueran efectivas y el azote les dolía, así se iba mi frustración y se limpiaba la atmósfera rápidamente.

Para que el niño entienda el mensaje que le estás dando, el azote debe dolerle para que se desanime de repetir su mal comportamiento. Yo he visto muchas mujeres temerosas de castigar de esa manera. En verdad, si ellas no se pueden controlar y no van a usar la vara de corrección en forma adecuada, es mejor que piensen en otra forma de castigo. No permitas que la opinión del mundo sea de influencia para ti. El dar una zurra no es forma cruel de castigar.

Proverbios 20:30 dice, "Los azotes que hieren son medicina para el malo, Y el castigo purifica el corazón."

Haz de la disciplina un acto definido, explicado y deliberado y ésta va a producir frutos de justicia y vidas virtuosas, pero no vayas a castigar a la deriva, cachetear o golpear sin usar ninguna sabiduría.

No vayas a descargar tu ira y frustraciones en tus hijos. Algo que no dejaba de sorprenderme cuando estaba educando a mis hijos era que si yo estaba demasiado preocupada, cansada o no me sentía bien, era cuando los niños se portaban peor facilitándome reaccionar en forma negativa. Parecía que ellos tenían un radar interno que les indicaba cuando las cosas estaban fuera de control en algún aspecto, lo que los hacia sentir inseguros y los incitaba a portarse mal.

Dobson dice, "Una zurra debe reservarse para aquel momento de conflicto en el que el niño te reta a defender tu derecho de dirigir." (James Dobson, **HIDE OR SEEK**. 'Esconde o Busca', Fleming H. Revell, Old Tappan, New Jersey, 1974, P.93). Muchos niños están tristemente auto-determinados de hacer solamente su propia voluntad. Toma el que un padre igualmente determinado rompa esa voluntad y lo lleve por un camino sano.

Si el niño definitivamente está retando la autoridad desobedeciendo instrucciones, él espera que tú actúes, y es importante que lo hagas. Yo observo todo el tiempo padres que les están diciendo a los niños que no hagan esto o aquello pero estos papás no hacen nada para prohibir que lo sigan haciendo. Aún he notado gestos y sonrisas en las caras de los niños porque ellos se sienten seguros que no van a ser castigados por no haber obedecido cuando los padres primeramente les dijeron no.

HUELLAS DE LA MUJER DE DIOS

UN RETO A LAS MADRES

¿Estás buscando emoción y satisfacción en tu vida?

El mundo nos está diciendo a las mujeres que encontremos nuestra satisfacción en una carrera. Pero, seriamente hablando, la maternidad es la carrera que no tiene fin. Esos primeros años que demandan tanto de nosotras pasan, y entonces vienen las recompensas. Cada vez que cada uno de mis hijos varones que pesan sus noventa kilos o mi hija me abrazan y me dicen cuanto me aman, y que soy la mejor mamá del mundo, yo siento que cada minuto valió la pena. Aquí hay un ser en el que yo he puesto mi vida. Yo estoy formando una herencia para el Cielo, porque en el día que yo tenga que presentarme delante de Dios, por Su gracia, todos mis hijos estarán allá también. El Señor dice, "Jehová cumplirá su propósito en mí...." (Salmo 138:8). Yo descanso en esa promesa y confío en el Señor que El va a perfeccionar a mis hijos y mis nietos.

¡Aleluya!

Criar niños es emocionante por varias razones.

1. Por medio de los niños Dios nos perfecciona y nos prepara para Su Reino.

HUELLAS DE LA MUJER DE DIOS

2. Sus problemas son oportunidades para descansaren el Señor y ver obrar Su poder milagroso.

3. Nos proveen como ninguna otra cosa, un reto para ser creativas, industriosas y también tiempo que utilicemos en ellos nos va a producir resultados que van a perdurar.

Cuando estamos criando nuestros hijos **vamos** a cometer errores pero aprendemos a medida que pasa el tiempo. Mientras los niños sepan que tú los amas y que estás tratando de ser un buen padre o madre te van a demostrar que no son frágiles y que son perdonadores.

Puede que tú me contestes, mi hijo ya está fuera de control, o yo soy una madre soltera, o tengo un esposo que no quiere cooperar. ¿Cómo puedo salir adelante con mis hijos?

Cuando la gente viola la leyes naturales de Dios, la intervención sobrenatural de Dios sola puede evitar consecuencias naturales.
Afortunadamente para la raza humana, Dios está en el negocio de hacer milagros. El solamente puede sanar los corazones partidos, o contestar la oración de una madre por un hijo perdido. Dios es un Dios de gracia y El puede restaurar y recrear lo que ha sido dañado por el modo de obrar de los padres durante años de entrenamiento

negativo a ese niño, o por oportunidades que se han perdido.

"....porque mayor es el que está en vosotros, que el que está en el mundo." (1 Juan 4:4).

Joel 2:25 dice, "Y os restituiré los años que comió la oruga..."

La oración es el arma que nosotras tenemos que usar para la batalla. El creer que Dios puede y quiere hacerlo y que El quiere restaurar la vida de tu hijo, va a hacer la diferencia. Ora creyendo en un milagro, y te puedo prometer que Dios te va a responder y te va a dar sabiduría, sanidad y eventualmente la completa salvación y restauración.

CAPITULO QUINCE

COMO ENTRENAR LA PROXIMA GENERACION

Por Susanna Wesley

Susanna Wesley, madre de 19 hijos, tomó muy en serio la responsabilidad que Dios le dio para entrenar sus hijos para el servicio de Dios. Sus hijos John y Charles Wesley dirigieron lo que fue conocido como el Avivamiento Metodista del siglo 18 llevado a cabo en Inglaterra. Ellos fueron los frutos sobresalientes de su fidelidad al alto llamado de Dios como madre. Este avivamiento es acreditado como la salvación de Inglaterra en aquel tiempo de anarquía política y espiritual y más tarde produjo el nacimiento de la Iglesia Metodista Unida.

La exitosa filosofía que Susanne usó para la crianza de sus hijos, la encontramos sumarizada en una carta que ella envió a su hijo John cuando él se la solicitó. Aunque ésta carta fue escrita hace 200 años, autores contemporáneos como el Dr. James Dobson y el Rev. Larry Christenson coinciden con ella referente a la necesidad de conquistar la voluntad del niño a la más temprana edad. Debeos notar la consistencia paciente y firme que ella tuvo cuando levantó a sus hijos en el temor de Dios.

HUELLAS DE LA MUJER DE DIOS

21 de febrero de 1792

Querido John:
El escribir algo referente a mi forma de educar es algo que me siento bastante opuesta a hacer. Pienso que no puede ser útil para ninguna persona el saber en qué forma utilicé mi tiempo para cuidar y levantar mis hijos, ya que he vivido una vida de retiro por muchos años. Nadie puede, sin **renunciar al mundo observar mi método en el sentido más literal**; no sé si haya algunos o quizás ninguna persona que esté dispuesta a gastar veinte años en la plenitud de su vida en la esperanza de salvar las almas de sus hijos, lo que pienso pueden ser salvos sin tanto que hacer; esa fue mi principal intención aunque la manejé con falta de entrenamiento y sin éxito.

Para satisfacer tus deseos, he recolectado las reglas principales que observé en la educación de mi familia.

Los niños siempre fueron puestos en un método disciplinado de vida aún desde su nacimiento y a medida que ellos estaban capacitados, de vestirse y desvestirse, cambiar sus sábanas, etc. Los primeros tres meses comúnmente los pasaban durmiendo. Después de estos tres meses se dejaban en sus cunas despiertos o se mecían para que se durmieran. Esto fue hecho para regular sus períodos de sueño que al principio eran tres horas en la mañana y tres en la tarde. Después dos horas hasta que ellos no necesitaban ninguna. Cuando cumplían un año (y algunos antes del año) se les enseñaba a temer la vara de corrección y a llorar suavemente. Por este método que yo usé ellos escaparon abundancia de corrección la que de otra forma habrían recibido. El odioso ruido de niños llorando fue raramente escuchado en nuestro hogar y la familia generalmente vivía calladamente como si no hubiera niños entre nosotros.

Tan pronto como los niños crecieran y estuvieran fuertes se les daban solamente tres comidas diarias. A la hora de comer las sillas de los menores se colocaban cerca a las nuestras de modo que los pudiéramos supervisar; se les exigía comer y beber todo lo que quisieran, pero no podían llamar para pedir nada. Si no querían nada le tenían que decir a la mesera en voz muy baja y ella a su vez me decía a mí. Tan pronto como ellos pudieran usar tenedor y cuchillo les permitíamos sentarse en nuestra mesa. No se les permitía escoger lo que comieran y siempre fueron obligados a comer lo que se le sirviera al resto de la familia. Por las mañanas se les daba comida blanda y a veces por la noche también, y en esas comidas no se les permitía comer mas de una cosa y parcamente. No se les permitía ni comer ni beber entre comidas solamente que estuvieran enfermos lo que sucedía raras veces. A la hora de la comida no se les permitía ir a la cocina a pedir nada a las empleadas y si lo hacían recibían fuerte zurra y la empleada una reprimenda. Cuando tenían seis años tan pronto como se terminara el devocional de la familia, se les servía la cena. A las siete la empleada los bañaba comenzando por el más pequeño, los desvestía y los acostaba a las ocho. A esa hora ella los dejaba en sus diferentes habitaciones despiertos ya que en nuestra casa no estaba permitido sentarse cerca al niño hasta que se durmiera.

Como los niños estaban tan acostumbrados a comer y beber lo que se les diera, cuando estaban enfermos no había ninguna dificultad para hacerlos que se tomaran aun la medicina de peor sabor. Ellos no rechazaban tomar la medicina aunque algunos devolvían algunas veces. Esto lo menciono para mostrarte que una persona puede ser enseñada a tomar cualquier cosa aunque algunas veces su estómago no la reciba.

Para poder formar las mentes de los niños, lo primero que se tiene que hacer es conquistar su voluntad y enseñarles a tener un temperamento obediente. El llevar información al entendimiento es una labor que toma tiempo y se debe hacer poco a poco y de acuerdo con la capacidad del niño.

HUELLAS DE LA MUJER DE DIOS

Pero la sujeción de la voluntad tiene que hacerse de golpe, y entre más pronto mejor. Si somos negligentes en corregir a tiempo vamos a dejar que la terquedad y la obstinación penetren, las que son muy difíciles de conquistar y esto resultaría tan doloroso para mí como para el niño. Según el mundo serían calificados como padres amables e indulgentes, pero a éstos yo los llamo padres crueles porque permiten que sus hijos críen hábitos que serán difíciles de conquistar más tarde. Algunos padres están estúpidamente orgullosos de bromear y enseñar a sus hijos cosas que después tendrán que azotarlos para que no las hagan. Cuando se corrige al niño su voluntad tiene que conquistarse y esto no es muy difícil de hacer, siempre y cuando no se haya criado testarudo o con demasiada indulgencia. Cuando la voluntad del niño esté totalmente subyugada y se haya criado para reverenciar y respetar a sus padres, entonces se pueden pasar por alto muchas inadvertencias y escenas pueriles. Algunas cosas se deben pasar por alto y no notarlas, otras ser ligeramente reprendidas, pero ninguna transgresión hecha a propósito se les debe perdonar y se deben castigar leve o fuertemente según la naturaleza de la circunstancia y según requiera el caso específico. Yo repito e insisto que la conquista de la voluntad del niño es el único fundamento fuerte y racional en la educación cristiana. Para ser efectivo se necesita tanto el precepto como el ejemplo. Cuando esto ha sido hecho a cabalidad, el niño estará en capacidad de ser gobernado por la razón y virtud de sus padres, hasta que su entendimiento llegue a la madurez y los principios cristianos se hayan arraigado en su mente.

No puedo descartar este tema, ya que el ser voluntarioso es raíz de todo pecado y miseria y asegurará que el niño más tarde sea desgraciado e irreligioso. Lo que quiera que los frene y los mortifique, va a promover felicidad y virtud en ellos.

Esto es aún más evidente si nosotros consideramos que la religión no es nada más que hacer la voluntad de Dios y no la nuestra; el ser voluntarioso es el impedimento más grande que puede haber tanto para nuestra felicidad temporal como eterna. Ninguna indulgencia puede ser insignificante y cualquier cosa que se haga para contrariar la voluntad del niño puede dejar de ser beneficiosa. El Cielo y el infierno dependen de esto solamente. El padre que estudia como hacer por dominar esa voluntad del niño, trabaja juntamente con Dios en la renovación y salvación de su alma. Los padres indulgentes hacen la obra del Diablo. Hacen la religión impracticable y la salvación inconcebible, y se unen al enemigo de modo que el cuerpo y el

alma de su hijo sean perdidos
eternamente.

Tan pronto como nuestros niños
estuvieron capacitados para hacerlo, se
les hacía repetir el Padrenuestro al
levantarse y al acostarse. A medida que
crecían se les agregaban oraciones
cortas por sus padres, algunas
porciones del catecismo y algunas
porciones de Escritura según ellos
pudieran memorizar. Desde temprana edad
se les enseñó a distinguir entre el día
del Señor y el resto de la semana. Se
les enseñó a no moverse mientras se
llevara a cabo el devocional de la
familia, a solicitar oración
inmediatamente después, lo que hacían
por medio de señales, antes de que
pudieran arrodillarse o hablar.
Rápidamente se les enseñó a entender
que no podrían obtener ninguna petición
si lo hacían llorando, ellos fueron
instruidos a hablar y pedir amablemente
lo que necesitaran. No se les permitían
que pidieran nada a las empeladas sin
primero decir "Te ruego me des esto o
aquello". A ellas se les instruyó que
si el niños omitía esa frasecita no lo
debían complacer.

Nunca se les permitió a los niños ni
mencionar el Nombre de Dios en vano, ni
jurar, ni usar palabras soeces o rudas
ni tampoco palabras obscenas. No podían
llamar a sus hermanos o hermanas por

nombre ya que tenían primero que decir hermano fulano o hermana sutana.

No se les permitía hablar en voz alta ni jugar dando gritos. Todos tenían que estar muy bien portados durante las seis horas de escuela. Es increíble lo que se le puede enseñar a un niño en un trimestre si éste es capacitado y está en buena salud. Con excepción de Kezzy, todos podían leer mejor durante ese tiempo que cualquier mujer adulta en toda su vida. No se les permitía dejar sus puestos ni salir de la habitación excepto por causa válida. Si salían corriendo al patio, al jardín o la calle se consideraba una ofensa de tipo mayor.

Por bastantes años todo salió muy bien. Nunca habían estado los niños en mejor orden, o más sometidos a sus padres o ser más piadosos hasta aquella dispersión fatal causada por el incendio en nuestra casa, lo que forzó que estuvieran con distintas familias. Fueron dejados en total libertad, comenzaron a olvidarse del Día del Señor, aprendieron algunas canciones y cosas malas sin darse cuenta. Aquel comportamiento que los había hecho admirados cuando estaban en el hogar, por todos los que los conocieron, fue perdido en gran manera, aprendieron payasadas y maneras rudas las que fueron difíciles de reformar. Cuando la casa fue reedificada y los niños regresaron al hogar, entramos en un período de estricta reforma. Comenzamos un sistema de cantar los salmos al comienzo y al terminar el período de clases y también por las noches. A todos se les obligó a retirarse a las cinco de la tarde, cuando el mayor iba con el niño menor que pudiera hablar, el segundo con el próximo y tenían que leerles un Salmo y un capítulo del Nuevo Testamento, así como en la mañana tenían que leer un Salmo y un capítulo del Antiguo Testamento. Después de esto entraban en sus oraciones privadas antes de ir a desayunarse o reunirse con la familia.

Entre nosotros había varios estatutos que se tenían que observar y los menciono porque creo que son útiles.

Primero, ha sido observado que la cobardía y temor al castigo empuja a los niños a mentir hasta que se acostumbran a hacerlo. Para la prevención de esto se instituyó una ley. Cualquiera que cometiera una falta si ingenuamente la confesaba y prometía enmendarse, no era castigado. Esta regla previno gran cantidad de mentiras y habría podido prevenir más si uno de la familia la hubiera observado. Pero él no pudo prevalecer, y por consiguiente se le imponía debido a equivocaciones y colores falsos que presentaba, lo que no había sido necesario que usara, si se hubiera lidiado con él en forma más amable. Y otros, a pesar de todo siempre hablaron la verdad en forma sencilla.

Segundo, ninguna acción pecaminosa, mentiras, robo, desorden en la iglesia o en el Día del Señor, junto con cualquier desobediencia o peleas, dejaría de ser castigada.

Tercero, ningún niño debía ser regañado o azotado dos veces por la misma falta, y si se enmendaba nunca debía ser reprochado al respecto.

Cuarto, toda señal de un acto de obediencia, especialmente cuando era una victoria sobre sus propias inclinaciones debía ser elogiado, y premiado según ameritara el caso.

Quinto, si cualquiera de los niños llevaba a cabo un acto de obediencia, o hiciera cualquier cosa con la intención de complacer, aunque no lo hiciera tan bien, la obediencia y la intención debían ser amablemente aceptadas y el niño dulcemente dirigido para hacerlo mejor en el futuro.

Sexto, la propiedad (y derecho a la propiedad) debían ser invariablemente respetados. Ninguno podía invadir la propiedad de otro aún en la cosa más pequeña como un alfiler o un moneda de centavo y no las podían tomar sin el consentimiento del propietario. Esta regla nunca es suficientemente inculcada en las mentes de los niños; y por la falta de los padres y gobernantes, podemos observar en el mundo un completo abandono de la justicia.

Séptimo, cada promesa debe ser estrictamente cumplida. Un regalo nunca se quita porque pertenece al que lo recibió, a menos que se hubiera dado con una condición y esta condición no hubiera sido cumplida.

Octavo, a ninguna niña se le debe enseñar a trabajar hasta que ella haya aprendido a leer muy bien. Ella debe hacer su trabajo con la misma aplicación que usó para la lectura. Es muy común que pongan a las niñas a coser antes de aprender a leer perfectamente y es por esta razón que muy pocas mujeres saben leer de manera que se les pueda entender lo que leen.

Reimpreso de **MUJER INMORTAL**, Frank Wilder, Vantage Press, New York, 1966, pp.43-49. Este artículo **COMO ENTRENAR LA PROXIMA GENERACION** es usado con permiso de la revista Christ for the Nations Magazine de enero de 1983, pp. 4 y 5.9

CAPITULO DIEZ Y SEIS

ADOLECENTES: AMOR Y AUTO-ESTIMA

Yo creo que dos de las claves más importantes para educar adolescentes cristianos son el amor y la aceptación incondicional.

Cuando mi hijo mayor estaba en los primeros años de su adolescencia, sus hermanitos menores llevaron a su habitación un gato que se habían encontrado en la calle, y se pusieron a jugar con el gato encima de la cama de él. Siendo un muchacho muy limpio y exigente, cuando entró y los sorprendió, inmediatamente entró en órbita, echándome a mí la culpa por haberles permitido que entraran el gatillo a la habitación. Quitó toda la ropa de cama, la tiró al suelo, y me demandó que le pusiera sábanas limpias. Parpadee varias veces y me preparé para salir del cuarto, para pensar qué iba a hacer ante esa situación. Cuando llegué a la puerta me sorprendí al escuchar lo que Dios me dijo, "Hazle la cama," y yo pensé "¡Señor, Tú seguramente estás de broma, Tú escuchaste la brusca forma en la que él me habló!" Cuando él salió de la casa, yo cuidadosa y amorosamente le hice la cama con sus sábanas limpias. Escribí una nota y la prendí a la almohada, y le dije, "Lo hice no porque tú me ordenaste que lo hiciera, sino porque yo te amo."

HUELLAS DE LA MUJER DE DIOS

De repente me dí cuenta que por esos días ninguna persona estaba expresando su amor a este medio-adulto. En verdad, nadie quería estar cerca de él por su miseria y heridas sangrantes. Así que comencé una campaña de abrazos y besos. Al principio él se resistía pero no lo hacía enojado. Su buen espíritu me animó a que continuara este juego hasta luchar con él en el suelo para darle un beso.

Es sorprendente, como en un corto tiempo él entraba a la cocina para devolverme su afecto. El es el mismo que unos años más tarde entraba en la cocina, me agarraba por la cintura y me daba vueltas como al compás de un valse lleno del completo gozo de la vida.

En algún momento de mi pasado distante (sonríe) decidí, que el elemento que faltaba en el cristianismo era el amor, así que decidí que yo quería amar.

Creo que en realidad, mi deseo de amar más comenzó cuando Dios entró en mi vida y me renovó por medio del Bautismo en el Espíritu Santo. La primera cosa que Dios me enseñó después de esa experiencia es que, como yo había escogido a Jesús y lo amaba, Dios el Padre me amaba a mí (Juan 16:27). De alguna forma yo sabía y había aceptado que Jesús me amaba, pero fue una verdadera revelación que me liberó, el saber que Dios me amaba porque había decidido seguir a Jesús.

El amar es a veces más difícil de lo que pensamos que es. Mi convicción es que, si no tenemos amor, debemos quitar todas y cada una de las tejas del techo de nuestra casa que tienen el letrero "Cristiano." El amor embotellado dentro de ti no te va a servir para nada. Nosotros **tenemos** que aprender a dar y a expresar el amor. Algunas veces tenemos que enseñarles a nuestros hijos y otras recordarnos a nosotras mismas el expresar amor. Para algunas personas el paquete incluye el amor desde el nacimiento, pero para otras es una cosa difícil de hacer.

Puede que algunos adolescentes sean difíciles de amar. Ellos se sienten miserables y hacen tu vida miserable también.

Sin embargo, estoy plenamente convencida que si tú te mantienes amando y dando, los muchachos eventualmente van a crecer siendo adultos amorosos y generosos de los que vas a estar orgullosa. Si tú te pones como meta el expresar el amor, vas a expresar el verdadero Espíritu del Señor.

Los adolescentes están tratando de encontrar valor personal o amor propio, y estas son cosas que como seres humanos necesitan. Cuando nosotros no recibimos amor, todo el mundo sufre por causa de nosotros. Lo que forma nuestras personalidades es lo que nosotros pensamos que somos. La forma como la gente responda a nosotros y lo que nosotros pensamos que ellos ven en nosotros, afecta el concepto que tengamos de nosotros mismos.

Como padres, somos los primeros que damos a nuestros hijos ya sea aceptación o rechazo. Una tremenda porción del concepto que el niño tenga de sí mismo viene de lo que él piensa que nosotros vemos en él. Los niños van a estar más inclinados a aceptar su propio valor como personas, cuando se convencen que nosotros los adultos los amamos y respetamos.

Es obvio, que tú no vas a esperar a que el niño se convierta en adolescente para decir,"¡Sí, este niño necesita saber que vale algo!" Claro que más vale tarde que nunca, pero esperamos que durante los años de su niñez tú hayas formado cimientos que podrán aguantar.

Muchos adolescentes sufren porque se sienten descontentos, hostiles, rebeldes y a menudo tienen tremendos sentimientos de inferioridad y se sienten inadecuados. Ellos raramente expresan en forma verbal estos sentimientos, pero los padres sabios van a mantener esto en mente. (He

HUELLAS DE LA MUJER DE DIOS

parafraseado éste párrafo sacado del libro de Dobson **HIDE OR SEEK**, p.19.)

Las buenas maneras requieren que nosotros tratemos a otros con respeto. Además, tu adolescente insoportable puede que necesite más respeto que el presidente de una corporación. El va a ver más claramente sus malas maneras cuando tú te esmeres a tener buenas maneras. Por otra parte, si tú funcionas en el mismo espíritu que él funciona, puedes esperar solamente más y más problemas y tú el ponerte en línea con él.

Los adolescentes necesitan ver amor y respeto en el hogar. También ellos tienen que ver el poder de Dios en nuestras vidas. Ellos necesitan saber que hay un Dios sobrenatural que oye y se mueve a favor de aquellos que lo aman y confían en El. Ellos deben ver en nosotros consistencia, honestidad y justicia. Puede que ellos se descarríen por un tiempo, pero si han visto en nosotros el verdadero modelo de virtud, ellos pronto van a retornar a Dios quien los ama y está esperando con Sus brazos abiertos a que regresen. Es muy importante que nosotras nos mantengamos con el corazón abierto a amar en las situaciones difíciles. A veces se nos dificulta mantenernos mostrando amor porque tengamos resentimiento por todo lo que nos hayan hecho sufrir. Sin embargo, Dios puede hacer ese milagro de amor en nosotros para que lo pasemos a ellos.

Yo creo que una de las áreas débiles en muchos hogares es que no hemos hecho a los niños conscientes de las oraciones que Dios nos contesta y los milagros que nos haya hecho. Tendemos a poner nuestro enfoque en problemas como falta de dinero y otras cosas negativas, y fallamos en hacer blanco en las buenas cosas que continuamente recibimos del Señor.

Cuando le enseñamos a un niño una genuina fe en Dios, le podemos enseñar al mismo tiempo su verdadero valor. Enséñale que él tiene valor para Dios y que El quiere alcanzarlo. Enséñale que el puede volver sus puntos flacos en ventajas, su vacío en llenura, y también que hay una vida después de ésta y que es eterna. ¡Qué maravilloso mensaje de esperanza para un niño!

CAUSAS DEL FRACASO EN LOS PADRES

¿Qué hace que los padres cristianos fracasen?

FATIGA Y MOMENTOS DE PRESION
Algunos de nosotros fallamos por fatiga en momentos en los que estamos presionados. Es fácil permitir que la fatiga y el "pánico de la rutina" nos dicten falta de tiempo para dedicarle al niño. Para que seamos padres

eficientes, necesitamos dedicar gran parte de nuestro tiempo a nuestros hijos. Para que puedas dedicar bloques de tiempo a tus hijos puede que tengas que abstenerte de cosas que te gustaría hacer personalmente. (He parafraseado este párrafo del libro de Dobson **HIDE OR SEEK**, p.19.)

Durante un invierno muy fuerte cuando estábamos criando a nuestros hijos, toda la familia se reunía en la sala, cada uno envuelto en su cobija, mientras yo leía la serie completa de **La Casita en la Pradera**. Aún mi esposo menciona ese tiempo como memoria preciosa.

Recuerdo que una vez vi un camión de mudanzas en frente de nuestra casa y varios hombres estaban ocupados cargándolo con muebles. En el jardín a un lado del camión estaba una mamá con su hijito volando una cometa y ella sostenía la cuerda.

Yo pensé "¡Qué maravilloso!" si yo fuera ella, estaría seguramente dándoles órdenes a los de la mudanza y preocupándome que no rayaran mis preciosos muebles, y diciéndole al niño que se fuera para otro lado. Esta señora estaba dedicando tiempo a su hijito en momentos turbulentos en los que el pequeño necesitaba que su madre le diera confianza. Y ella lo hizo en una manera muy sutil.

HUELLAS DE LA MUJER DE DIOS

Un oído que escuche es tan importante como esos bloques de tiempo dedicados a los adolescentes.
Todos nosotros necesitamos en la vida gente que nos escuche. Necesitamos saber que alguien está interesado en nosotros y dispuesto a compartir con nosotros sus puntos de vista. Si tu has formado una relación interpersonal con tu hijo en su niñez, sus años de adolescencia pueden ser provechosos no solamente para ti sino para él.

INSENSITIVIDAD

Otra área en la que fallamos algunas veces es la insensibilidad. La sensitividad consiste simplemente en estar consciente de las necesidades del niño. Muchos niños han sido muy heridos porque han escuchado a los padres hablar de él a otros. Obviamente no podremos enseñar a un niño a que se respete a sí mismo, si por razones propias no nos gusta él. Algunas veces lo único que nos puede ayudar en esta clase de problema es la oración. (Yo he parafraseado este párrafo del libro de Dobson, **HIDE OR SEEK**, p.61.)

Me voy a referir de nuevo a la vecina que una vez me dijo que lo único que mantenía su matrimonio era el sexo.
Una vez que la visité, la escuché hablar de divorcio y de todos sus problemas con su esposo, y esto lo hizo delante de sus hijos.

HUELLAS DE LA MUJER DE DIOS

¡Eso se llama insensibilidad! Ella estaba solamente preocupada por ella y no le importaban los sentimientos de sus hijitos, ni el dolor que les causara el hablar mal de su papá. Los padres que abiertamente pelean delante de sus hijos también son insensitivos.

CULPABILIDAD

Otra área en la que fallamos a veces como padres es el sentido de culpa. Este sentimiento puede afectar la manera como tratemos a los niños, ya que los hace dudar del valor que tengan para nosotros, aún si los amáramos. Si esta culpabilidad es debida a que el niño sea ilegítimo, puede que haya una ira que sea proyectada hacia el niño en vez de la fuente de esa ofensa. El sentido de culpa produce dificultad para ser padre en vez del gozo que se debe sentir. (He parafraseado este párrafo del libro de Dobson **HIDE OR SEEK**, p.65.)

Otra causa puede ser que te veas obligada a trabajar o que has escogido trabajar pero te sientes culpable por abandonar los hijos. A veces el resultado es de una actitud permisiva la que deja al niño sin una guía sólida. Las pautas sólidas dan al niño un sentido de confianza en sí mismo y dignidad.

A veces los padres cristianos sufren por sentirse culpables más que otros padres. Nosotros sabemos que tenemos que dar cuenta a Dios por lo que hagamos con nuestros hijos y tendemos a sentir que todo depende de nosotros. Las diferentes cosas son tremendas y yo estoy convencida que solamente Dios puede ser un padre perfecto.

Un error que los padres cristianos cometen es el de pensar estos son nuestros hijos, y por consiguiente van a salir bien.

Sí, nosotros tenemos una escritura que nos respalda. Proverbios 22:6 dice, "Instruye al niño en su camino, Y aún cuando fuere viejo no se apartará de él." El problema es éste, enseñamos a nuestros hijos bien pero fallamos en el entrenamiento. Necesitamos estar menos seguras de nosotras mismas y descansar más en Dios y en la oración, pidiéndole sabiduría para dirigir a nuestros hijos a lo largo de su adolescencia. Las buenas noticias son que si los niños son educados en verdaderos hogares cristianos, ellos van a encontrar el camino de regreso a Dios.

RIVALIDAD ENTRE HERMANOS
Nosotros podemos fallar y dañar a un niño, si dejamos que reine el espíritu de rivalidad por nuestro amor entre los niños. Es difícil que aceptemos imperfección en nuestros hijos, debido a nuestro sentimiento de inferioridad. Tendemos a esperar y aún a demandar que nuestros hijos sean perfectos para que

no reflejen nuestras fallas. Si tenemos un hijo que alcanza nuestras altas normas imaginarias, tendemos a ponerlo de modelo para los otros hijos. Esta situación puede crear problemas serios. Debemos recordar que cada hijo es maravillosamente diferente y debemos lidiar con él y apreciarlo según sus propios méritos. (He parafraseado este párrafo del libro de Dobson, **HIDE OR SEEK**, p.67.)

Cuando mis muchachos estaban creciendo me divertía porque mi hija era la única niña entre todos, y ellos estaban seguros que nosotros la amábamos más. Cada vez que ellos sufrían una paliza nos preguntaban por qué Andrea no era castigada. Traté de explicarles pero al fin les dije, "Díganme cuando ella haya hecho algo que merezca una zurra y se la voy a dar."

Eventualmente ellos admitieron que ella no hacía nada que mereciera ese castigo. Ella nació con un deseo de ser obediente, de complacer a sus padres y de complacer a Dios. (Ella es la niñita que nosotros pedimos a Dios cuando nuestra hijita Janae murió. Interesante ¿verdad?)

Tenemos que darnos cuenta que aún antes del nacimiento del niño, éste es un maravilloso ser humano, no importan sus fallas o desventajas. Cuando nosotros nos preocupamos demasiado, solamente agregamos problemas o causamos rivalidad entre los hijos y todo por nuestro propio sentido de inferioridad.

¡Nosotros hemos sido maravillosamente hechos! Nosotros somos la máxima obra y corona de Dios. Puede que tengamos muchas debilidades y fallas pero eso no nos quita el que somos dignos simplemente porque existimos. Propongámonos reconocer nuestro mutuo valor y enseñemos a nuestros hijos que valemos simplemente por esa razón.

DISFUNCION
Nosotros fallamos porque tenemos defectos en nuestra manera de funcionar como padres.

Es muy importante que los padres alcancen integridad en ellos mismos, antes de que la puedan pasar a sus hijos. Los padres que no sean espirituales, van a encontrar muy difícil pasar espiritualidad a sus hijos. Los padres que no pueden mostrar ni amor ni afecto entre ellos, van a encontrar muy difícil enseñar a sus hijos a que sean modelos de afecto y amor. Los padres que física o emocionalmente están ausentes de la familia, van a encontrar muy difícil cubrir esa falta. Los padres que han sido alcohólicos o han tenido malos matrimonios, van a pasar estos problemas a sus hijos. Los padres abusivos van a encontrar que sus hijos van a abusar a los hijos también.

HUELLAS DE LA MUJER DE DIOS

Para poder levantar niños que se sientan dignos, necesitamos poderles mostrar amor, confianza consistencia, disciplina, y virtud en nuestras vidas. Necesitamos ser padres cuidadosos que muestren amor, y den un sentido de orden y continuidad a la vida, y que ejecuten disciplina.

Parece que la crianza de hijos se hace cada día más difícil. A medida que la sociedad se hace más compleja e inestable, la juventud se encuentra con que cada día es más difícil llegar a la edad adulta. Cada joven está determinando la clase de adulto que él será. Por consiguiente ellos necesitan dos tipos diferentes de control de parte de los padres.

Primero, con la dirección apropiada, ellos deben recibir la libertad de actuar y de crecer, de tomar decisiones, y de desarrollar el carácter interior, la responsabilidad y madurez. Segundo, la necesidad de ser restringidos y cuidados. Tenemos que cuidar que los hijos no vayan a ser licenciosos o irresponsables. Ellos necesitan ser controlados para que puedan aprender lo que es el control, y necesitan que las normas de moral sean cumplidas.

Para poder hacer cumplir lo que restringimos, tenemos que ser sanados de nuestras disfunciones. Al mismo tiempo tenemos que obedecer el mandato de Dios de amar a nuestros hijos. Recuerda que Satanás siempre sabe en qué momento no estamos listos a dirigir. El nos golpea en el lugar vulnerable.

Muchos padres, creyendo que la corrección no es amor, se ponen renuentes a cumplir con la disciplina o dejan de restringir a sus hijos. Dios mismo, primero lidió con las cosas negativas. El dio a Israel los Diez Mandamientos con el objeto de restringirlos. Estos mandamientos identificaron el pecado, el comportamiento negativo, y comportamiento no placentero a Dios. La ley no fue menos amor que la cruz. El amor en la ley representa la justicia y no fue menos gracia que la cruz. La restricción que produce justicia es una expresión de amor al hijo. Nosotros debemos identificar tanto el pecado como el comportamiento negativo en nuestros hijos para poner las restricciones pertinentes.

Mi esposo una vez ministró consejería a un muchacho que decía que sus padres no lo amaban. Cuando mi esposo le pregunto, "¿Qué significas, con decir que no te aman?" El le contestó, "A ellos no les importa lo que yo haga. Puedo hacer todo lo que me plazca." Lo que él quería decir con esto era que se sentía inseguro y que ellos no lo

amaban porque no le habían puesto
ninguna restricción a lo que él
hiciera.

Estoy segura, que tú te das cuenta que
no somos tan capacitados como para
educar a nuestros hijos sin la ayuda de
Dios. Las buenas noticias son que esa
ayuda de Dios la podemos alcanzar
orando diariamente, leyendo la Biblia,
yendo a la iglesia, y confraternizando
con el cuerpo de Cristo.

A menudo cometemos el error de pensar
que tenemos todos esos años para poner
todo en orden. La verdad es que el
tiempo se va rápido cuanto estamos
educando nuestros hijos.

Creemos que los niños son muy chiquitos
para entender lo qué está pasando a su
alrededor. Me sorprende la agudeza de
una de mis nietas que a la edad de tres
o cuatro años podía poner en palabras
sus sentimientos. Ella podía expresar
su necesidad de ser amada, identificar
si se sentía sola, y todo esto en mitad
de los varios miembros de su familia
que la amaba.

Mi hijo menor hizo su entrega al Señor
Jesucristo a la edad de cuatro años y
dos meses. Ahora tiene diez y ocho años
y nunca se ha separado de los camino y
todos sus parientes saben que él es
cristiano. Otro de mis hijos creció un
gran bigote a la edad de doce años.

HUELLAS DE LA MUJER DE DIOS

Mi punto es éste, no vayas a tomar el chance de fallar con tus hijos, simplemente porque hayas comenzado muy tarde. Los niños pueden percibir desde una edad temprana.

La imagen que el niño tenga de sí mismo, depende de tres influencias. Primero, la predisposición desde el nacimiento de ser una persona negativa o positiva. Segundo, la calidad de vida que hay en el hogar. Tercero, sus experiencias sociales fuera de la familia.

Los niños reaccionan en las tres áreas en forma diferente. Algunos aprenden a ser el payaso de la clase; otros aprenden a trabajar con ahínco y alcanzar el logro de las cosas que les interesan. Otros pelean o se esconden en su propia concha y se separan de la vida o niegan la realidad. Este último grupo, cuando llegan a la adolescencia generalmente usan drogas.

Necesitamos hacer todo lo posible para llenar sus necesidades tanto físicas como emocionales.

Los años de la adolescencia son un tiempo de cambios personales y de emociones fluctuantes. Ayuda a los adolescentes a que vean que estos son años de formación para identificar quiénes son y lo que ellos quieren ser.

HUELLAS DE LA MUJER DE DIOS

Ayúdales a desarrollar destrezas, talentos, puntos fuertes e intereses.

Señálales la tentación de conformarse a la presión de sus compañeros y los peligros que ésta envuelve. También enséñales actitudes sanas hacia el sexo para así reducir los sentimientos de inferioridad.

Haz todo lo posible para corregir problemas externos como acné o los dientes. Al mismo tiempo enséñale que estos son valores del mundo y que son temporales, que Dios ve nuestro corazón y no cómo nos vemos externamente.

En 1 de Samuel 16:7, Samuel estaba buscando el hombre que Dios deseaba para hacerlo rey de Israel. El encontró el hermano de David y le pareció que lucía bien, "Y Jehová respondió a Samuel: No mires a su parecer, ni a lo grande de su estatura, porque yo lo desecho; porque Jehová no mira lo que mira el hombre; pues el hombre mira lo que está delante de sus ojos, pero Jehová mira el corazón."

Los adolescentes necesitan saber que aunque ellos no sean los más ricos, los más inteligentes, los más bellos o aún los mejores atletas, ellos pueden tener éxito en la vida y ser placenteros a los ojos de Dios. Aún con todas esas ventajas muchos no salen adelante porque dependen en sus ventajas y nunca desarrollan un carácter digno.

HUELLAS DE LA MUJER DE DIOS

Déjales saber que les llegará un tiempo de libertad y que deben luchar para ser independientes, para que cuando les llegue el momento no sean como botes a la deriva en un río correntoso.
Es fácil para los padres cristianos el criar hijos dependientes si los protegen demasiado. Nuestras profundas convicciones religiosas nos impelen a protegerlos de ser heridos y de la destrucción de Satanás.

Hay que irlos soltando poco a poco dependiendo en la madurez del niño. Las escuelas cristianas (si son buenas) son una gran ayuda en esta área porque fortalecen la posición de los padres y les dan a éstos estatura en los ojos del niño, cuando el niño ve que hay otras personas que creen igual que sus padres.

El paso final para que los hijos se estimen a sí mismos, es que transfiramos la responsabilidad de nuestros hombros a los de ellos. Sé sensible para que sepas cuando son lo suficientemente maduros como para manejar la libertad. Todos los niños son diferentes y no maduran al mismo tiempo. Uno de mis hijos, entre los diez y los doce años ya estaba en la pubertad. El se deprimía y tenía problemas en varias áreas. A los diez y seis años ya se estaba recuperando y hoy en día es un ministro del Señor.

HUELLAS DE LA MUJER DE DIOS

Otro de mis hijos era un niño precioso hasta los quince años y entonces comenzó las locuras de la adolescencia como a muchos jóvenes les pasa. ¡Dios es bueno! Alabo Su nombres porque hoy en día él es un hombre casado y le va bien.

Como nosotros enseñamos por medio del ejemplo, esforcémonos por enseñar los valores de Dios.

Es muy importante el modelo que nosotros seamos para el niño. Una vez me contó la esposa de un pastor, que ella se había dado cuenta de la necesidad de que sus hijos la vieran orar y leer la Biblia. Es más fácil tener nuestro devocional cuando los niños están ausentes o dormidos, pero aún así, es importante que ellos nos vean hablar con Dios. Mi esposo ha dado un bello ejemplo de devoción a nuestros hijos. Cuando él está en casa, siempre está listo, con la Biblia en la mano para leer una escritura u orar cuando alguno va a la universidad, el trabajo o va a hacer un viaje o sale para su propia casa. Cuando los niños estaban chicos él les enseñó el Salmo 91 y todavía lo recitamos juntos cuando nos reunimos. Tanto ellos como yo lo respetamos profundamente por su posición.

Por medio del ejemplo necesitamos enseñarles el respeto a la autoridad de Dios. Necesitamos enseñarles la obediencia a Sus mandamientos, por medio de nuestra devoción a Dios, por nuestra disciplina y control de nosotras mismas, por la humildad de nuestro espíritu y por el amor a nuestros semejantes.

Enseña a tu hijo a que respete a su padre y a su autoridad. Solamente tú puedes ser el modelo a tus hijos del respeto a su papá. Si tú no lo respetas, ellos tampoco lo van a respetar. El respetar a tu esposo no es una opción. Muchas mujeres destruyen sus propios hogares porque no vencen sus sentimientos negativos hacia sus esposos. Ellas se encargan de dividir la lealtad de los hijos. Destruyen la imagen que el niño tenga de sí mismo, ya que ésta en gran parte viene del padre.

Una escritura suma todo esto en una forma muy bella. Miqueas 6:8 dice, "Oh hombre, él te ha declarado lo que es bueno, y qué pide Jehová de ti; solamente hacer justicia, y amar misericordia, y humillarte ante tu Dios."

Entre más años yo tenga, yo siento más ternura hacia mis hijos. Creo que debía tener mucho amor hacia los chiquitos, de otra forma no habría podido dar a luz seis hijos.

HUELLAS DE LA MUJER DE DIOS

Me da dolor el pensar que nuestros
niños sean puestos en guarderías y
escuelas aún en una edad muy tierna. Yo
me doy cuenta que a veces esto es
necesaria, pero no deja de resentirme.
Me da dolor también que nuestros niños
sean robados de su inocencia y que sean
sometidos bajo expectativas irreales.
Parece como que no pudiéramos aguantar
para hacer de los niños adultos.

Quisiera gritar a todo pulmón y decir
"¡Dejen que los niños sean niños; y los
adolescentes!" Deje que hagan pasteles
de barro, que corran tras de una
mariposa o un cucarrón, y que ellos
crean que el mundo es un lugar bello.
Que la mamá esté en la casa y les haga
galletillas. Deja de decirle a las
mamás que no se han realizado porque
son solamente madres. Quita el énfasis
que has puesto en el dinero y
trasládalo a tu hijo, el regalo que
Dios te dio. Lo único que podemos
llevar con nosotras de este mundo al
otro son sus almas. Deja que sean las
almas de tus hijos. Algunas no van a
llevar con ellas las almas de sus hijos
porque se han dejado engañar y han
creído la gran mentira que lo más
importante en sus vidas es que estén
satisfechas y realizadas. Cuando se
vayan, todo lo que van a llevar con
ellas son cenizas. Dios quiere que
nosotras demos testimonio de Su
fidelidad, como mi esposo dice a
menudo.

HUELLAS DE LA MUJER DE DIOS

Aquí va una lista de mis escrituras favoritas aplicadas a mis hijos.

Salmo 90:16	Proverbios 11:21
Isaías 44:3	Salmo 102:28
Proverbios 14:26	Isaías 49:25
Salmo 112:2	Isaías 59:21B
Isaías 54:13	Isaías 61:9

Mi escritura favorita es el Salmo 102:28. "Los hijos de tus siervos habitarán seguros; Y su descendencia será establecida delante de ti."

Eso es lo que deseo, que mis hijos y los hijos de mis hijos sean establecidos ante el Señor.

HUELLAS DE LA MUJER DE DIOS

LOS NIÑOS APRENDEN LO QUE ELLOS VIVEN

SI UN NIÑO VIVE SIENDO CRITICADO,
    EL APRENDE A CONDENAR.
SI UN NIÑO VIVE EN UN AMBIENTE HOSTIL,
    EL APRENDE A PELEAR.
SI UN NIÑO VIVE SIENDO RIDICULIZADO,
    EL APRENDE A SER TIMIDO.
SI UN NIÑO VIVE SIENDO AVERGONZADO,
    EL APRENDE A SENTIRSE CULPABLE.
SI UN NIÑO VIVE CON TOLERANCIA,
    EL APRENDE A SER PACIENTE.
SI UN NIÑO VIVE SIENDO ANIMADO,
    EL APRENDE CONFIANZA.
SI UN NIÑO VIVE SIENDO ALABADO,
    EL APRENDE A APRECIAR.
SI UN NIÑO VIVE EN UN AMBIENTE DE
JUSTICIA,
    EL APRENDE A SER JUSTO.
SI UN NIÑO VIVE EN UN AMBIENTE SEGURO,
    EL APRENDE A TENER FE.
SI UN NIÑO VIVE SIENDO APROBADO,
    EL APRENDE A ACEPTARSE A SÏ MISMO.
SI UN NIÑO VIVE EN ACEPTACION Y
AMISTAD,
    EL APRENDE A ENCONTRAR AMOR EN EL
    MUNDO.

Dorothy Low Nolte

HUELLAS DE LA MUJER DE DIOS

CONSEJOS UTILES PARA ESPOSAS DE PREDICADORES Y DE OBREROS CRISTIANOS

1. Ante Dios tú estás sola y eres responsable por tu propia vida espiritual. No te sostengas en tu esposo.

2. Recuerda que las pruebas y los cambios dan paso al crecimiento. Abrázate de estos como amigos, y nunca como tus peores pesadillas.

3. No tengas lástima de ti misma. (Lee Filipenses4:4).

4. Conoce tus dones. El ministerio ofrece muchas oportunidades para que el esposo y la esposase distingan por sus dones especiales. El reto está en encontrar un patrón para trabajar compartir que sea confortable para ambos como pareja única que son.

5. Debes estar dispuesta y contenta a colocar algunos de tus dones en una repisa hasta que la necesidad se haga presente. Debes estar dispuesta a estar en casa por ejemplo con los niños. Por años le dije al Señor que me había casado para tener a mi esposo conmigo y no para estar separada de él. No impresioné a Dios con mi lógica. En alguna parte de mi espíritu yo sabía que él había de viajar. Por más de diez

años mi esposo ha viajado de un lado a otro del mundo, y Dios me ha dado la gracia para permanecer en casa.

6. Convierte los tiempos en que estás sola en algo positivo. No permitas que las cosas negativas te afectan a ti o a tu matrimonio. Te sugiero que aprendas a coser o pintar, hacer manualidades o un álbum de recuerdos.
Lee, lee y lee más. Si tu desarrollas el amor por la lectura, nunca te vas a sentir sola. Estudia la Palabra para que puedas ofrecer estudios bíblicos o ser consejera.
Necesitas algo en co*un con tu esposo, fuera de los niños. Estudia sobre jardinería, cocina, decoración de interiores, finanzas
e inversiones, gobierno y asuntos relacionados con la moral.

7. Recuerda que tú eres la ayuda de tu esposo, pero no para acaparar su ministerio.

8. Recuerda que tu ministerio es una extensión del de él.

9. Tú debes ser la persona en la que tu esposo se pueda recostar en tiempos difíciles. Debes estar lista a animarlo cuando él sienta que ya se va a rendir. Si tú te deprimes por la situación de él, todo lo que vas a hacer es aumentar sus problemas.

10. Tu aceptación incondicional de él, lo libera para lidiar con otras demandas.

11. Tú debes ser su confidente y su portavoz. Tú le puedes dar perspectiva y profunda percepción. Creo que Dios ha dado ese talento a la mayoría de las mujeres. Un hombre sabio escucha la perspectiva de su esposa. Sus entretejidas personalidades y puntos de vista le van a proveer al esposo una base más segura para las decisiones que tenga que tomar.

12. Tú siempre debes ser el mejor analista de los sermones de tu esposo. Para este llamado, tú necesitas muchas ideas y una habilidad para mirar las distintas situaciones desde varios ángulos. Debes corregir su gramática con cautela.

13. Aprende a ser intercesora ya que él va a necesitar de tus oraciones todo el tiempo.

14. Recuerda que tus armas no son carnales, sino poderosas y espirituales. (Lee 2 Co.10:4.)

15. Donde quiera que estés sirviendo al Señor, no te vaya a dar complejo de superioridad. No vayas con la actitud que tú sabes más que el resto del mundo. No vayas a poner a los que

trabajen contigo como si fueran inferiores.

16. Tristemente hay muchos celos en el ministerio. Vamos a describir los celos en una palabras. **Carnalidad.** No hay lugar para ésta en el ministerio, pero la vas a encontrar practica- mente en cada situación en la que te encuentres. Lo peor de todo es que ésta puede estar en ti misma. Crece, madura y sé una gran mujer de Dios para que des estatura al ministerio.

17. Se adaptable. No trates de trabajar para Dios con una naturaleza dura e inflexible. Considera que otros han estado en esa situación antes de ti. Aprende de ellos y dales el honor debido.

18. Si tú eres misionera ten presente la deshonestidad que tienen otras personas. Numerosas veces nos robaron cuando Carroll y yo éramos misioneros. Ten cuidado para que no vayas a tentar a los hermanos débiles. Algunos países extranjeros son tan pobres que nuestras posesiones sirven de tentación a los que trabajan en nuestra casa y personas extrañas también. Nosotros podemos reemplazar lo que perdemos pero es difícil para un empleado recuperarse si es deshonesto.

19. Las diferencias culturales ofrecen problemas, especialmente cuando somos misioneros. Puede que nuestras

costumbres sean ofensivas para obreros nacionales. Trata de respetar sus costumbres siempre y cuando no vayan en contra de la Biblia. Honestamente si tú ves que la forma tuya es más práctica y mejor, entonces enseña a hacer las cosas según tú sabes hacer las cosas en forma diferentes.

20. No vayas a explotar a las personas que trabajen para ti. Un espíritu generoso es siempre deseable. Trata de pagar un poquito más de los salarios que paguen para el mismo tipo de trabajo. Te vas a convencer que va a retornar a ti en lealtad y mejor servicio.

CAPITULO DIEZ Y OCHO

LA FAMILIA EN EL CAMPO MISIONERO

PREPARACION

Si estás considerando una vida como misionera, quisiera mencionar tres áreas importantes.

La primera es armonía con tus padres. Necesitas sanidad de tus heridas pasadas y de cualquier amargura que tengas contra ellos. Es muy bueno que vayas con la bendición de ellos. Puede que no sea posible obtener su bendición, pero por lo menos haz el atentado de obtenerla.

La segunda es que vayas con una consciencia limpia. Debes ir libre de ofensas. En cuanto te sea posible haz restitución en lo emocional y referente a finanzas.

Sé moralmente limpia. No vayas a desperdiciar el dinero de Dios y de la gente viajando como misionera cuando no tienes una vida limpia delante de Dios. Dios no bendice a la impiedad. Por el hecho de ser casada, eso no te hace automáticamente moralmente limpia. La lascivia es un comportamiento adictivo difícil de corregir. Solamente el poder de Dios puede liberarte.

La tercera concierne a la motivación de ti misma. Tú tienes que estar capacitada para motivarte tanto en lo referente a las cosas espirituales como a tu trabajo. A menudo no va a haber ninguna persona que analice tu trabajo.

Solamente los resultados van a anunciar eventualmente al mundo si tú trabajaste sabiamente y si la unción de Dios te cobijó en tu labor espiritual.

EL MATRIMONIO Y LA FAMILIA EN EL CAMPO MISIONERO

AJUSTE EMOCIONAL
No vayas de misionera muy poco después de tu matrimonio. La mayoría de las personas necesitan la mayor parte del primer año para estabilizar su matrimonio. El choque que se recibe al entrar en una cultura diferente agrega a los ajustes maritales y sexuales, y pone demasiada presión en los recién casados.

Una buena relación entre el esposo y la esposa es de primordial importancia.

Debe haber una unión espiritual muy fuerte entre el esposo y la esposa. Es muy importante que el varón tome el liderazgo.

Tomen tiempo juntos antes de viajar y también cuando estén allá en la misión. Aprendan a compartir sus sentimientos y asegúrense que cada uno entiende la posición del otro. Asegúrate que haya unidad. Si no hay unidad, Dios no puede hacer mucho en tu vida y a veces una misión fracasa totalmente por la falta de unidad.

Mantén un sentido del humor y diviértete en tu relación con tu esposo. Debemos proponernos a encontrar algo cómico en mitad de la situación más traumática o difícil.

AJUSTE FISICO
Ve al campo misionero preparada con un buen libro de medicina. Si vas a vivir en una cultura primitiva ese libro va a ser de mucho valor para ti y te va a confortar.

Permanece en el campo lo suficiente para que te ajustes. Muchos misioneros regresan antes de tiempo porque encontraron las cosas físicamente difíciles. Toma tiempo ajustarse y si tú en verdad deseas permanecer en ese lugar, lo vas a lograr y con éxito.

AJUSTE ESPIRITUAL
Cuando llegues al campo misionero, no vayas a seguir la tendencia común de muchos misioneros y es la de poner la obra antes de las responsabilidades con la familia. La obra misionera (el llamado) puede consumirte, si le permites. Debes aprender a disciplinarte y más que todo aprender a decir no. De otra manera, vas a abandonar inconscientemente a tu esposo y tus hijos. Esta sugerencia es

HUELLAS DE LA MUJER DE DIOS

especialmente buena para aquellos misioneros de las diferentes denominaciones las que les exigen enviar informes periódicos de la obra.

La tendencia de los nuevos misioneros cuando llegan al campo es de presentarse en todas partes para impresionar a quienes puedan. Resiste esta tentación. Afírmate en tu lugar para evitar más tarde que ocurran errores costosos.

El poner a Dios primero en nuestras vidas, no significa necesariamente que pongamos la obra primero. Ábrete al cambio. Recuerda que lo que nosotros somos, es a menudo más importante que las numerosas actividades que tengamos.

AJUSTE CULTURAL

El ajuste cultural en el campo es mejor conocido como **choque cultural**. Nunca me olvidaré de mi primer día en el Brasil. Estar tan lejos de mi patria produjo en mi un choque real. Yo había soñado con ser misionera desde los trece años pero en ese momento no lo encontré nada romántico.

No estaba preparada para esa sensación de soledad en un país extraño situado al otro lado del mundo.

De alguna manera, en mi mente sentía que habíamos aterrizado en el lado opuesto de la ciudad y por nueve años no pude enderezar mis direcciones. El sol nacía en el oeste y se ponía en el este y por consiguiente todas las cosas eran al revés. La tierra era de color rojo, de puro color rojo. Las casas eran diferentes. Todo era diferente.

Recuerdo cómo estaba de pie a la entrada de la casa de los misioneros y pensaba que en realidad yo no quería estar en el Brasil. Recuerdo como me imaginaba que alguno de mis familiares en mi patria se enfermara o muriera para que yo tuviera que regresar. No era que los quisiera enfermos o muertos, simplemente quería, en la mitad de mi desesperación regresar a mi patria. Lo único que levantaba mi espíritu era ver la belleza de la vegetación, árboles y arbustos colmados de bellas flores. Cuatro años más tarde alguien murió (y fue mi pequeña hijita) y regresamos a nuestra patria pero de permiso. Por la gracia de Dios había terminado los cuatro años de mi compromiso antes de regresar.

Son muchas las decisiones que tenemos que tomar en lo referente a los ajustes con otra cultura.

¿Tratas de mantener tu casa por las normas de tu país o por las normas del país en donde estás sirviendo al Señor? Te recomiendo que no trates de hacer que el campo misionero sea un duplicado de lo que tenías en tu patria. Te recomiendo que lleves cosas con las que

tus hijos estén familiarizados para que
ellos no se sientan sin nada que les
recuerde su país.

Usa el sentido común. Evita la
apariencia o de extrema riqueza o
pobreza. Lo que tú quieras para estar
confortable puede que aparezca
extravagancia a los nativos. Sé
sensible y realista al amueblar tu
casa. Resiste el darte gusto cuando
pueda herir o ser mala influencia a
otros.

AJUSTE GASTRONOMICO
En todo lo que te sea posible, aprende
a comer la comida nativa. La comida
común y corriente es sabrosa y te ayuda
a tener favor y desarrollar relaciones
interpersonales con la gente. Es muy
importante que cuides tu salud. Sin
salud no tienes fuerza y así no eres
útil a tu misión. Haz todo lo que
puedas para protegerte y ¡confía en
Dios! Mi esposo llegaba a la casa casi
borracho después de un día de
visitaciones y café negro brasileño.
Era más sanitario tomar café en vez de
agua pero aún así no le era provechoso.
Mantén una ancheta de medicamentos
comunes como para la disentería
(llamada a veces enfermedad de los
misioneros) y tabletas apropiadas para
la purificación del agua. Generalmente
puedes conseguir algunos artículos de
lujo (nacionales o norte americanos)
que hagan tu vida un poco m*as fácil.

AJUSTE LINGÜISTICO

Los niños generalmente aprenden rápido el idioma del país en que están y más tarde prefieren hablar en este idioma. A ellos no les gusta ni verse ni sentirse diferentes especialmente en sus primeros años. A ellos les gusta identificarse con el idioma y el país que tú has escogido para servir al Señor. Yo creo que para ayudarle a los niños más tarde, es importante que en el hogar y en la familia se hable el idioma de los padres hasta el punto que los niños lo hablen muy bien.

AJUSTE MORAL

Debes considerar el balance moral de tus hijos. La mayoría de los niños se acostumbran a la desnudez y a los niños medio vestidos. En todo lo que te sea posible trata de que no sean demasiado expuestos en esta área especialmente cuando se acercan a la pubertad y adolescencia. Debes estar alerta para problemas que se presenten en esta área.

ESPOSA/MADRE

El cuidado que el ministro debe tener de su propio hogar, es el requisito que es más recurrente en las epístolas. Si El llama al esposo para servirle, ciertamente también llama a la esposa y los niños. La familia es una y el orden divino no puede alterarse por lugares geográficos.(Debes leer la primera epístola a Timoteo 3:1-10.)

¿Cómo puede una esposa separar su llamado del llamado de su esposo? A veces una esposa está destrozada entre su hogar y la obra misionera.

Los primeros años puede que sean los de criar niños. Por ejemplo, yo tuve seis embarazos en ocho años. Tuve una pérdida además de mi nenita que murió. Todo esto me drenó tremendamente. Fuera de estar embarazada y de cuidar a hijitos pequeños, yo tocaba el órgano o el acordeón en los servicios, dirigía la obra de la femenil, hacía visitación con otras hermanas, servía de anfitriona a estudiantes de la escuela Bíblica por tres días cada dos semanas, cosía la ropa de mis niños y la mía y a veces ropa para otros, manejaba mi casa, recibía visitantes más todas las otras cosas como cuidar de la salud de mi esposo y de todos nosotros.

Bajo circunstancias tan atareadas es fácil que nos venga el resentimiento y hasta la amargura. Me recuerdo llorando, clamándole a Dios para no obstaculizar a mi esposo en lo que El quería que hiciera pero al mismo tiempo sintiéndome incapacita-da para hacer todo lo que necesitaba hacer. Permíteme anotar algo que quiero agregar. No Permíteme anotar algo que quiero agregar. No vacilaría en hacerlo otra vez. Tengo memorias maravillosas de esos años, aunque fueron difíciles y me drenaron físicamente. Puede que Dios requiera mucho de ti, pero si tu corazón está en lo recto, te garantizo que cuando recuerdes esos años, vas a ver tu crecimiento, tus logros y el gozo en la batalla.

LOS NIÑOS

Los padres son la influencia más grande que un niño pueda tener. Un niño no va a olvidarse cuando crezca de lo que él haya aprendido en el hogar. Su reacción va a ser a favor o en contra de su hogar.

Yo quiero hacer mención de tres cosas que son generalmente buenas especialmente para los niños hijos de misioneros.

Primera, asegúrate de la seguridad de la casa en el sentido físico. Los niños necesitan sentir que son parte de algo y que se sientan seguros y cuidados.

Segunda, haz que los niños tomen una parte activa en la familia. Haz que la familia sea parte de la obra del Señor, así como la obra misionera. Asigna a los niños trabajo que hagan relacionado con la misión. Inclúyelos cuando se discuten planes de la misión (no vayas a compartir problemas a menos que sean lo suficientemente grandes para no afectarse, y eso hazlo con cautela).

Tercera, encárgate de que tus niños se relacionen con otros misioneros adultos y amigos. Otros misioneros se convierten en parte de la familia y pueden ser como tíos y tías para tus niños. Si tú criticas a otros obreros cristianos en la presencia de tus hijos, vas a dificultar el establecimiento de relaciones interpersonales.

AJUSTE SICOLOGICO
El campo misionero se convierte en hogar para los niños aún más que para sus propios padres.

Los niños se identifican fácilmente con el país en el que están viviendo. En el caso de niños más grandes esta identificación puede ser fácil o difícil. Yo se de hijos de misioneros que han escogido permanecer toda su vida en los países que han adoptado. Cuando mi esposo y yo fuimos a Australia, dos de nuestros hijos eran adolescentes y ellos pronto tomaron tanto el acento como la cultura. El más pequeño tenía doce años cuando llegamos allá y el amaba mucho a su patria y rechazó tomar el acento.

Como lo mencioné antes, los niños generalmente no les gusta ser diferentes así que se ajustan fácilmente hablando el idioma del país en el que están viviendo. Cuando regresamos del Brasil nuestros hijos mayores hablaban más portugués que inglés. Aún así, en pocas horas ya estaban hablando sólo en inglés.

Ellos estaban pequeños pero sentí mucho que ellos no hubieran mantenido su segundo idioma. Más tarde cuando estaban aquí en el colegio ellos aprendieron fácilmente a hablar español (el español y el portugués son bastante similares). Los sonidos les eran familiares aunque ya para ese tiempo no podían hablar el portugués.

Muchos de los hijos de misioneros desarrollan un amor por las misiones y es común que cuando grandes ellos quieran regresar para trabajar.

AJUSTE ESPIRITUAL
Los jóvenes tienden a ajustarse conforme a la sociedad en la que ellos vivan en ese momento. Puede que ellos aprendan rápidamente el vocabulario evangélico sin tener una experiencia espiritual profunda. Yo escuché de boca de Steve Green (uno de nuestros cantantes favoritos) quien fue levantado en el campo misionero, contar una experiencia que él tuvo un día en el que estaba orando cuando la familia iba a comer. Cuando él terminó de orar, su hermano mayor que estaba en frente de él lo miró y le dijo, "¿Steve, cuando vas a aprender a orar?" Steve dice que esa pregunta se convirtió en un punto clave en su vida ya que lo

hizo darse cuenta que él sabía el lenguaje apropiado, pero no tenía una relación personal con Dios.

Es fácil que los niños se revistan de una forma de cristianismo que ellos creen se espera de ellos (hijos de predicadores o hijos de misioneros). Es muy importante que la fe de la persona sea basada en una experiencia personal con el Señor.

Si tú quieres que tus hijos te sigan, es de primordial importancia que nosotros como adultos dediquemos tiempo a ellos para tratarlos como verdaderos individuos.

El dedicar tiempo a tus hijos no es una opción. Es fácil que los padres sacrifiquen a sus hijos en el altar de su propio egoísmo. Padres, recuerden que un toque de atención no va a engañar a sus hijos.

AJUSTE EDUCACIONAL
En lo relacionado a la educación tú tienes cuatro alternativas: por correspondencia (en la que tú eres la maestra), escuelas nacionales, internados para hijos de misioneros, o tu propio maestro (un maestro a sueldo).

Correspondencia
La correspondencia puede que sea difícil, a menos que seas una maestra

certificada o que tengas bastante tiempo en tus manos. Puede ser una recompensa muy grande para ti, así como la respuesta para un problema difícil. Esto, si tienes habilidad en esta área.

Existen varios cursos por correspondencia. Yo personalmente usé A Beka. El programa ACE (Accelerated Christian Education) existe en español también. Hay gente que recomienda altamente el programa de Bill Gothard.

Es muy importante que tú organices un rincón como si fuera salón de clase para tus hijos. Si no te organizas bien en esta área, es difícil que los niños comiencen sus clases a tiempo y que haya disciplina estricta, tiempos de receso, etc. Para tener este tipo de estructura, generalmente requiere disciplina de parte de la madre, la que debe tener dedicación también. Yo tenía certificado como maestra y había enseñado clases de escuela dominical desde los trece años, pero cuando tuve que enseñar a mis propios hijos, lo encontré difícil.

Enseñando a sus propios hijos es natural para algunas madres, pero esta experiencia siempre es gran bendición tanto para la madre como para el niño.

Existen videos también que son una forma divertida para los niños. A Beka los tiene y quizás otros también los tengan.

Escuelas Nacionales

Una ventaja de este tipo de educación, es que los niños no se sienten solos. En lo referente a la imagen que el niño tenga de sí mismo, éste tipo de educación puede ser o una bendición o maldición. Si los niños se sienten rechazados, la escuela puede afectarlos negativamente. Trata de ponerte al corriente de los sentimientos y problemas de tus hijos animándolos a conversar contigo para que haya intercambio de pensamientos y sentimientos.

En algunos casos una escuela nacional puede ayudar a la formación del carácter del niño. El problema es que pueda que el entrenamiento sea negativo y tú no siempre puedes saber, según lo que otros te digan, si tu niño es o no afectado. Puede que otros te digan que la escuela es buena, pero puede que no sea beneficiosa para tu niño. Debes estar alerta y usar la sabiduría en esta área. Una escuela nativa puede que sea de ayuda al niño para que sea bilingüe, aprenda a leer y escribir y a hablar ese idioma. Esas habilidades lo pueden ayudar más tarde en su vida para que él sea una persona flexible y adaptable.

Las escuelas nacionales en el caso de adolescentes, puede que abran la puerta para matrimonios interculturales. Este asunto es bueno que lo piensen y consideres, antes de que estés envuelta en éste tipo de problema.

Hay gran diferencia entre los distintos países en la forma en la que los maestros ayuden a que los niños aprendan. En Latino América y varios otros países usan el método o de memorizar todo. Este método ayuda a desarrollar buenos hábitos de estudio. En los Estados Unidos se ha fallado en esta área de la memorización, parece que nosotros hacemos hincapié en enseñarles a que piensen por sí mismos y aprendan a expresarse.

Internados

Muchas de las tragedias en las vidas de niños hijos de misioneros proceden de aquellos que han tenido la experiencia de ir a un internado. Todo depende del niño, los padres, el hogar, y las circunstancias conectadas con el internado al que se envíen los niños. Bajo circunstancias favorables un internado es una buena alternativa para niños mayores. Sin embargo, si el claustro no les provee un ambiente de amor, esta experiencia puede abrumar a un niño. Yo he escuchado algunas historias de boca de muchachos hijos de misioneros, que me parten el corazón. Por otra parte, a muchos les ha ido bien con esta experiencia. Ruth la esposa de Billy Graham estuvo en un internado en China, y su vida habla muy bien del personal de la escuela en la que ella estuvo. Los internados ofrecen el peligro de que se presenten problemas de superioridad o de inferioridad.

Si vas a enviar a tu hijo a un internado, debes estar segura que él entiende la razón por la que lo vas a enviar. Tu razón puede ser que el lugar asignado por la misión sea una área remota y tu trabajo demasiado pesado.

Tengo que admitir que me da mucha tristeza el pensar que padres envíen a niños chiquitos y aún en los primeros años de la adolescencia a un internado. Un niño de misioneros quien conozco bien, me dijo que él había sido forzado a crecer prematuramente. El tuvo problemas más tarde en su vida. Me alegro que yo no hubiera tenido que tomar una decisión como tal.

¿Cuáles son las personas que tomarán tu lugar para moldear la vida de tu hijo? ¿En qué forma puedo yo expresar que tan importante es la respuesta a esta pregunta? Yo personalmente, tendría que saber que era la voluntad de Dios el que yo confiara a mi hijo en las manos de extraños o casi extraños.

Otra pregunta muy seria es la siguiente, ¿verá el niño la obra del Señor como competencia o rival de tu amor y atención a él, como padre?

Maestros Privados

Si las finanzas lo permite, el emplear a un maestro privado es una alternativa.

ESPOSO/PADRE

RELACION ESPIRITUAL

El papel del padre es una carga pesada. Hay que pagar un precio para en verdad ser un hombre espiritual o un hombre de Dios. Este es un título que él se tiene que ganar.

El tiene que mantener su relación con Dios. Esto significa que tiene que tener tiempo para estudiar la Biblia y orar en privado. La esposa necesita cooperar en este asunto para que sea una realidad. Si esto no se realiza, mejor que empaques tus maletas y regresa a tu tierra.

RELACIONES MARITALES

El tiene que mantener su relación con su esposa. El tiene que darse a sí mismo, amarla y sostenerla. Esta relación íntima no es una opción, sin ésta vas a destruir tu unidad, y la obra va a sufrir como resultado. Las mujeres que sufren por problemas en esta área, van a demandar atención de una forma u otra.

También es fácil que el hombre demande más de lo que la esposa pueda dar, especialmente si es un hombre de mucho empuje, va a tratar de empujar a la esposa también. Efesios 5:25 dice, "Maridos amad a vuestras mujeres, así como Cristo amó a la iglesia, y se entregó a sí mismo por ella." El amar a tu esposa es la mejor seguridad que le puedes dar a tus hijos. Ellos necesitan ver el amor expresado delante de ellos.

Cuando mi madre murió a la edad de ochenta y un años, ella y papá habían estado casados por sesenta y tres años. Yo tenía cincuenta y ocho años cuando ella murió y nunca los vi pelear o discutir. Si ellos tuvieron problemas los resolvieron a puerta cerrada. Nunca escuchamos gritos ni palabras duras, ninguno daba cantaleta, ni discutía con el otro. Nunca supe de momentos en los que ellos no estuvieran felices. Si tuvieron momentos desagradables, tampoco lo supimos. Su matrimonio fue un buen ejemplo para sus tres hijos que crecieron para tener hogares felices como el de sus papás.

RELACION CON LOS HIJOS
Proverbios 17:6 dice, ".....Y la honra de los hijos, sus padre."

Si un hombre se encuentra con que él es padre, por su propia voluntad o no, el empleo m*as importante que él pueda tener es ese. Como esposa, ayúdale a tu esposo a que sea el mejor padre que él pueda ser. Anímalo para que no descuida la paternidad ni que vaya a dejar que otro ocupe el lugar que a él le pertenece. Los niños necesitan estabilidad, seguridad y libertad dentro de los límites que un padre cuidadoso puede proveer. El peor peligro en la crianza de los hijos en el campo misionero, es que el padre no les provea la atención que ellos necesitan. Esa es la razón por la que es tan importante envolver a los niños en la obra de la misión tan pronto como tenga la suficiente edad.